अश्वत्थ

वाणी प्रकाशन
नयी दिल्ली-110002

अश्वत्थ

महेन्द्र प्रसाद सिंह

ISBN 81-7055-345-8

वाणी प्रकाशन
21-ए, दरियागंज, नयी दिल्ली-110002
द्वारा प्रकाशित

प्रथम संस्करण : 1994

: मूल्य 60.00

कम्प्यूटेक सिस्टम, दिल्ली-32
द्वारा लेज़र कम्पोज़

मेहरा आफसेट, दिल्ली-110002
में मुद्रित

ASHWATATH
by Mahendra Prasad Singh

आस्वान

फेंक कर मोड़ूंगा जो जाल
खिंचे आयेंगे सब नक्षत्र
बनेगी नभगंगा मृदुछंद
चांदनी छायेगी सर्वत्र

काल के वृहत पुलिन पर आज
खड़ा मैं ढूंढ़ रहा संत्राण
कि वाणी आयेगी इस ओर
फूंकने मृत सीपों में प्राण

कभी ऐसा भी होगा काल
बनेगा मरू नन्दन उद्यान
नियति का उन्नत होगा भाल
बनेंगे शिखर स्वयं सोपान

विषय-सूची

भूमिका

कविता के बहुल रूप और बहुल प्रयोजन हैं। पर मेरे लिये कविता 'आत्म' का अनुसंधान और उसकी ललित अभिव्यक्ति है। अथवा यों कहें कि मैंने अपने जीवन में राजनीतिशास्त्र और कविता के बीच श्रमविभाजन में कविता के लिये यह उपर्युक्त भूमिका चुनी है। अपने राजनीति-वैज्ञानिक लेखन में मैं मूलतः प्रत्यक्षवादी (Positivist) विज्ञान के दर्शन का पक्षधर रहा हूं। यह जानते हुए भी कि वर्तमान विज्ञान-दर्शन में प्रत्यक्षवाद का सिंहासन एकबारगी चतुर्दिक हमले से कांप रहा है। पर यह भी सही है कि विज्ञान-दर्शन में हर नया वाद-प्रतिवाद अपनी यात्रा प्रत्यक्षवाद के पक्ष-विपक्ष की केंद्रीय भूमि से आरंभ करता है। और, कुछ विज्ञान-दार्शनिकों को छोड़कर, जिन्हें यह पता ही नहीं है कि वे चाहते क्या हैं या उनका विकल्प क्या है, शेष गैर-शून्यवादी या गैर-नाशवादी विज्ञान-दार्शनिक प्रत्यक्षवाद को पूर्णतः या समूल न नकार कर उसमें कुछ काट-छांट कर कुछ नये कलमी रोपण करते हैं। यहां मेरा संकेत सर कार्ल पॉपर और टॉमस कून की ओर है।

राजनीति-विज्ञान पूर्णतः 'अ-साहित्य' नहीं है, और न साहित्य पूर्णतः 'अ-विज्ञान'। दोनों के मूल, सृजनात्मक तौर पर, एक हैं, पर तने अलग-अलग। एक की प्रमुख पद्धति प्रत्यक्ष प्रमाण पर आधारित है, दूसरे की प्रतीक पर। एक प्रतीक या रूपक को पूर्ण चन्द्रकलाओं तक विकसित करता है, दूसरा प्रतीक/रूपक को वैज्ञानिक पद्धतियों व प्रक्रियाओं के सान या खराद पर चढ़ा कर उसे मॉडल या सिद्धांत में तबदील करता है। मेरे लिये कविता मेधा की अपेक्षाकृत स्वाधीनता का क्षेत्र रहा है। भाव, विभाव, देश, काल, पर्यावरण, जीवन, मरण इन में कविता मेरे लिये अर्थवत्ता की तलाश और निवेश का साधन है। पर यह मेरे लिये न सिर्फ अनुभूति के अनुसंधेय क्षेत्र का आविष्कार करती है, बल्कि उनकी अर्थपूर्ण ललित अभिव्यक्ति भी। आज के युग में जब कविता और दर्शन के बीच की

दूरी निरंतर न्यून होती जा रही है, यह ललित अभिव्यक्ति ही कविता की अंतिम पहचान है। तुक नहीं, छंद भी नहीं, पर अंतिमावशेषी लास्य या लोच (residual rhythm) कविता का प्राण है। कविता का प्रमुख प्रयोजन आनन्द है; उसके कोई भी अन्य प्रयोजन–ज्ञान, उपदेश, संचार, आदि–द्वितीयक हैं। ये अन्य उप-प्रयोजन भी कविता आनन्द के माध्यम से ही संपन्न करती है। शुद्ध ज्ञान का जिज्ञासु कविता के बदले दर्शन, इतिहास, विज्ञान क्यों न पढ़ेगा ? अब, आनंद विषय की रोचकता या रसीलापन से भी आ सकता है। कविता के लिये आज विषय-विस्तार की कोई सीमा न रही। जो बूर्ज्वा सौंदर्यबोध में असुंदर है वह समाजवादी सौंदर्यबोध में सुंदर व श्रेय बन जा सकता है। लोकतंत्र, समाजवाद, और वैज्ञानिक मिजाज के सम्मिलित प्रभाव में कवितेय विषयों का अभूतपूर्व विकास हो चुका है। इसलिये कविता की आत्मा कुछ सीमित विषयों में वृत्त-बंद नहीं की जा सकती। कविता की रचना पद्य या लास्य में ही ढूंढ़ी जा सकती है। कविता वह विरल संरचना है जिसकी संपूर्ण अवस्थिति कायिक है। इसका संपूर्ण अस्तित्व कायिक है। इसकी आत्मा इसकी काया में बसती है, और काया के टूटते ही कविता के प्राण पखेरू उड़ जाते हैं। भले ही मिश्री फाराओं के शव की तरह उसे हम सदियों तक जुगा रखने के मोह का संवरण न कर पायें। कविता अलंकार का परित्याग कर सकती है। पर लास्य के अंतिमाशेषी कायिक अस्तित्व–लोचक वक्रोक्ति, रस, ध्वनि–के बिना कविता कविता नहीं रह जाती। सपाटबयानी विज्ञान और गद्य का गुण हो सकता है पर कविता का दोष है। कविता संगीत के बिना भी जीवित रह सकती है। तुक और छंद के बिना भी। पर, फिर, एक अवशिष्ट लय या तरंगपूर्ण अभिव्यक्ति कविता के लिए लिटमस टेस्ट है।

तब क्या कविता में जैसे-जैसे अलंकार और संगीत की मात्रा बढ़ती जाय वैसे-वैसे उसमें कवित्व-गुण की वृद्धि हो सकती है ? एक तरफ अलंकार और संगीत में, और दूसरी तरफ कविता में, कोई अनिवार्य सकारात्मक संबंध नहीं है। विशेषतः आधुनिक साहित्यिक सौंदर्यबोध में तो अत्यलंकरण और अति संगीतात्मकता को कविता का दोष ही माना जाने लगा है। शायद यह आधुनिक जीवन-पद्धति और बोध के सम्मिलित तकाजे हैं।

कविता में गद्यात्मकता के प्रसरणशील रेगिस्तान से मैं प्रसन्न नहीं हूं। यह अलग बात है कि मैं जब स्वयं भी कविता लिखने के लिये कलम उठाता हूं तो प्रायः गद्यात्मक काव्य ही लिख पाता हूं। संभव है यह वर्तमान काव्य के प्रचलित रूप या गढ़न के प्रति मेरी सहज, अचेतन प्रणति हो। यह भी संभव है यह वर्तमान युग, अथवा स्वयं मेरी जीवन-स्थितियों, में प्रायः लास्य, लोच या संगीत की भग्नता का परिणाम हो। कारण जो भी हो, कविता में पद्यावसान से मैं प्रमुदित नहीं रहा

हूं। कई बार किसी नये कवि को पढ़ते हुए वक्रोक्ति या विचार के कुछ चमकते टुकड़े मन को चौंका या आह्लादित कर जाते हैं। पर यह कुछ वैसा-ही आनंद है जैसे कबाड़ी को कचरे के ढेर पर से कोई बहुमूल्य चीज मिल जाये। बल्कि इस असंतुष्टि के कारण मैं अपनी कविताओं में कभी-कभी सायास लास्य या पद्य लाता रहा हूं। पर मेरी श्रेष्ठ कवितायें तो वे हैं जो मेरे व्यक्तित्व की अनभिप्रेत, अप्रयास्य अभिव्यक्ति हैं। प्रयास से कई बार कविता पद्यात्मक बन तो जाती है पर उसमें ताज़गी और स्फूर्ति नहीं दीखती। वैसी कवितायें मैं प्रायः नष्ट कर देता रहा हूं। कई बार कविता में स्वाभाविक तौर पर ताज़ा पद्यात्मकता आ जाती है। मेरे ख़याल से (पद्यात्मक) वक्रोक्ति, अनुभूति की गहराई और बिंबों/विचारों की ताज़गी ही वह त्रिगुणात्मक संश्लिष्टि है जो किसी काव्य को महान बनाती है। कविता के लिये न तो सिर्फ़ भाषा का प्रांजल प्रवाह और ना ही सिर्फ विचारों की ओजस्विता काफी है। कविता एक रहस्यमय चामत्कारिक भाषिक संरचना है। दुर्भाग्य से कविता के नाम पर आजकल वे रचनायें ज्यादा खप रही हैं जो अभिव्यक्ति के संपुष्टन के अभाव में किसी भावी निबंध के लिए शीघ्रता से नत्थी किये गये बिन्दुओं या सूत्रों का आभास मात्र दे पाती हैं। संभव है आज के विकसित औद्योगिक युग की कविता का यही स्वाभाविक रूप हो। अरविंद ने स्यात् कहीं लिखा है भविष्य की कविता मंत्र/सूत्र जैसी होगी। भूत में भी तो गहन अनुभूति की कविता का यही रूप था। पर यह गहन आत्मबोधों का पद्यात्मक संसूत्रण और मूलतः स्मृति था। गद्यकाव्य न तो हिन्दी में, और न ही कई विदेशी भाषाओं में, सर्वथा नयी घटना है। पर समकालीन कविता में जिस प्रकार इसका प्रसार हुआ है वैसा पहले कभी नहीं हुआ।

इस असंतुष्टि के बयान के बावजूद मेरी अपनी अधिसंख्य कवितायें भी इसी कोटि में आती हैं। पर बहुत कठोर दिल से परखने पर भी उन्हें कविता की कोटि से अलग करना संभव नहीं हुआ। क्योंकि कविता का बाह्य उपकरण या आकार न होने पर भी उनका प्रभाव काव्यात्मक है। इस तथ्य के आलोक में काव्य के बारे में ऊपर वर्णित अपनी धारणा/स्थापना के प्रति—कि अवशिष्ट लास्य कविता की आत्मा है—मैं द्वंद्वग्रस्त या उभयमुखता का शिकार हुए बिना नहीं रह पाता। यह समाधान भी कि गद्यकाव्य न तो गद्य है और न काव्य समस्याओं को निर्मूल नहीं करता। अंततः गद्यकाव्य को काव्य की कोटि में ही रखना पड़ेगा।

अश्वत्थ में संकलित कविताएं उसी क्रम से रखी गयी हैं जिस क्रम से वे लिखी जाती रही हैं। प्रत्येक कविता के अंत में रचना के माह और वर्ष का उल्लेख कर दिया गया है। अधिसंख्य (30) कवितायें 1990 के दशक के आरंभिक तीन वर्षों में लिखी गयी हैं। शेष (9) 1980 के दशक की हैं जो, किन्हीं कारणों

से, **सूर्यारोहण** और **तृज्या** में नहीं जा पायी थीं। पहली कविता–'हिमानी होली'–एडमंटन (कनाडा) में लिखी गयी थी जब मैं वहां 1970 के दशक के पूर्वार्द्ध में राजनीति-विज्ञान का शोध-छात्र था। इस कविता का विशेष महत्त्व इसलिये भी है कि काव्य से लगभग बीस वर्षों के मेरे संन्यास के काल में लिखी जाने वाली यह मेरी एकमात्र कविता है। किशोर वय में काव्य-रचना आरंभ करने के बाद मैं लगभग दो दशकों तक राजनीति-विज्ञान में इतना अंतर्ग्रस्त हो गया कि कविता से दूर होता गया। 1980 के दशक के आरंभ में मेरी कविता का पुनर्जन्म हुआ।

अस्तु।

–महेन्द्र प्रसाद सिंह

12 सितंबर, 1993
डी-5, मॉरिस नगर,
दिल्ली विश्वविद्यालय, दिल्ली–110007

पुनश्च : मैं **अश्वत्थ** के लिये प्रकाशन-सहयोग-राशि के अनुदान के लिये हिन्दी अकादमी, दिल्ली, का तथा निर्धारित अवधि के अंदर इसके प्रकाशन के लिये वाणी प्रकाशन के श्री अरुण माहेश्वरी का बहुत आभारी हूं।

18 जून, 1994

–महेन्द्र प्रसाद सिंह

हिमानी होली

भूमंडल की दूसरी ओर
आज वसंत का त्योहार है
प्रशांत महासागर के इस पार
आज भीषण हिमपात है
मन में झंझावात है
खिड़की के बाहर
रजत के रेशे
हवा पर तैरते
जमीन पर गिरते हैं
और बर्फ के अंबार में खो जाते हैं
कुछ रेशे कोनिफरों व ठूठे पतझरे
पेड़ों की डालों और टहनियों में लिपट जाते हैं
वे मौम के दरख्त मुझे बाहर आमंत्रित करते हैं
आओ तुम भी बर्फ को गले लगा लो उससे खेलो
उसे प्यार करो
बारिश की बूंदों की तरह
ये शरारती नहीं होतीं
शोर नहीं मचातीं
कपड़े नहीं भिंगोतीं
सिर्फ असंक्रामक स्पर्श कर
हल्के नीचे ढरक जाती हैं
हेमा, तुम बहुत खूबसूरत हो
धवल पवित्रता की मूरत हो
मेरी एक बात मानोगी ?
मेरी सारी ऊष्मा ले लो
और, अपनी धवल शीतलता मुझे दे दो।

होली 1970

मत्स्यन्याय

शायद यह महानगर का विशाल पनाला है
जिसमें सभी दिशाओं से सवेग आये
गाद, पांस और धातुमल का डबचूल बैठा है
क्या मजाल कि इसके बिखराव बूंदों का
कोई छींटा आसमान पर जा पड़े
कौन-सी जादू की वह छड़ी है ?
हर तरफ से परवाने
इस मलिन धूमशिखा पर
आत्मोत्सर्ग को विवश खिंचे चले आते हैं
शायद प्राकृतिक पुकार का दबाव है
या फिर चतुर्दिक बंद
धूमिल कांच की वज्रदीवारों में फंसे
पतंगे की तड़फड़ाहट
दमे के दौर पर दौर से
औद्योगिक सभ्यता शायद दम तोड़ रही है
या क्या पता
नव-सामंतों द्वारा निर्मित
यह मात्र बंदी-संभाग हो
पर व्हेल-सा विशाल यह जेल
मत्स्यन्याय पर उतर आया तो क्या होगा !
नगर का यह जर्जर सूखा स्तन
सर्वथा सूखा तो नहीं है
पर संभवतः पूतना ने अपने दूध में
अफीम घोल डाला है

जनवरी 1985

बाबूजी

जमाना बदल चुका था
लेकिन इस बदलाव के प्रमुख भोक्ता
अंशतः कर्ता बन चुके थे–
समय-परिवर्तन के सहयात्री।

वह दमामी बंदोबस्ती के जमींदार थे
अपने अग्रज 'बड़े बाबू' से किंचित् भिन्न
बड़े बाबू असली जमींदार थे
'छोटे बाबू' कांग्रेसिया
एक महफिली संस्कृति में रंगे
दूसरे खद्दरधारी गांधीवादी

वे अपने समय से आगे के हो गये थे
अपनी निगरानी में जमींदारी के कागजी काम
दीवान जी से करवाते रहते
खुद भी क्या-न-क्या गोदना गोदते रहते
पर साथ-साथ सैकड़ों राजनीतिक व साहित्यिक किताबें
पत्र-पत्रिकायें लाते मंगवाते संचित करते पढ़ते रहते

ज़माना बदल जाने पर रातोंरात
अलमीरों और संदूकों में भरे
लाल-पीली बहियों और रसीदों के अंबार
रद्दी और कबाड़ बन गये
पर उनके द्वारा संचित पुस्तकालय बढ़ता गया
मेरे लंबे बचपन का रहस्यमय मधुबन

सितंबर 1985

प्रभंजन

मेरा हर कदम
काल के पुलिन पर
अग्रसर मानवता का पदचिह्न है
मैं देश और काल के महासमुद्र पर खड़ा हूं

और दिक्काल का हर आयाम
महासीप-सा स्वयं फट कर
मेरी विचलित वैयक्तिकता की स्वाती को
मोती में रूपांतरण को समुद्यत है

तुम चाहो तो मैं मृत्ति हूं
तुम चाहो तो मैं शिला
तुम चाहो तो मैं कलधौत हूं
तुम चाहो तो मैं संपूर्ण स्वर्ण

या तो अपनी प्रभा के प्रभंजन में
मुझे समेट लो
या फिर गहन तमिश्रा की निस्सीम कालिमा में
मुझे डूब जाने दो

मकर संक्रांति 1986

ईश्वर

ईश्वर कभी मरा नहीं
सिर्फ स्थान बदलता आया है
ईश्वर को ढूंढ़ो उस काया में जिसका कल्प अमर है
उस कल्पना में जो नित नवीन है
उस राजक्षत्र में जो चक्रवर्ती है
उस लोकतंत्री में जिसके नखशिख से झंकार निकलती है
उस ऐश्वर्य में जो सीमांत नहीं जानता
उस संतोष में जिसके लिये रतन-धन-खान धूल समान हैं
उस श्रमिक में जो सह-स्वामी और उपभोक्ता है
उस कृषक में जो गोवर्धन-धारी है

शीशों की चारदीवारी में कैद पतिंगा
दीवार को ही ईश्वर मान लेता है
ईश्वर स्वयं-संकल्प है
ईश्वर संरचना-सुलभ इस्पात है
इस्पात की सीमाओं में छद्म-ईश का जन्म होता है
अब तो ईश्वर भी एक उत्पादित वस्तु हो गया है
अब वह सब की पहुंच में कहां रहा ?
सर्वसाधारण के पास तो सिर्फ पत्थर-ईंट रह गये हैं
जो सिर्फ शीशे की दीवार तोड़ने में काम आते हैं

मई 1986

सुचित्रा

जी चाहता है
तुम्हारा चित्र खींच कर रख लूं
तुम इस विद्रूप महानगर में
इतनी विमल कांति कैसे संजो पायीं ?
तेरा रूप इतना सौम्य
और मन इतना निर्मल कैसे रह पाया ?
तुमसे विदा लेने को जी नहीं चाहता
तुम्हारी आकृति में आदिम सुरभि का
नयनाभिराम पूर्णावतार है
तुम्हारी सूरत में
बहारों ने मानों ऋतुपरिवर्तन का चक्र रोक
स्थाई पड़ाव किया है
हेमंत एक बार आ कर
मानों जाना भूल गया है
इसमें तुम्हारे व्यक्तित्व का भी
जरूर कोई हाथ होगा

नवंबर 1986

गतिशील चक्र की नियति नहीं मृत्यु है

काल तुम्हारे फण पर मैं नाचूंगा
संक्रांति काल का पुरुष पुरातन मैं हूं
पदचाप हमारे अंकित इन्द्रधनुष पर
शशि सूर्य सितारे सुमन सनातन मेरे
ये मेघ नहीं हैं, पगले, ये तो रज हैं
रथचक्रों से ये जा उड़ते हैं नभ में
आकाश हमारे पद पर झुकता आया
सागरिक वर्तुलों का मैं रूद्र विकट हूं
सीमांत हमारा अंतरिक्ष है केवल
जो बंधा नहीं सीमाओं के घेरे में
मैं सूर्य-देश का गरुड़ दिव्य अवतारी
सुग्रीव हमारा दिक्कालों की धुरि है
वह समय नहीं है समा नहीं जो इसमें
वह देश नहीं है ग्रथित नहीं जो इसमें
असंदिग्ध है वैयक्तिकता मेरी
पर अर्धचन्द्र भी नहीं नियति है मेरी
मैं सर्जक मैं पालक मैं ही हूं भंजक
भूत भविष्यत वर्तमान सब मैं हूं
है ज्ञान हमारा वर्ण वर्ग से व्यापक
जो बंधा नहीं बस अनुभव के घेरे में
है मूर्ति हमारी भंगों से सुश्रृंखल
मैं इसीलिये तो अंतहास जेता हूं
है द्वंद्व हमारा चिरकालिक सामासिक
गतिशील चक्र की नियति नहीं मृत्यु है
युद्धोपरांत मैं परितापी युधिष्ठिर
प्रलयोपरांत मैं मन्वंतर का मनु हूं

जीने लगते हम पुनः नये स्तर पर
आरोहण में मैं होता हूं शीताहत
सर्वांग उतरता पार किंतु आया है
श्वान हमारा रहा सदा अनुगामी
साथ सिर्फ छूटा है अंगूठे का

दिसंबर 1987

इतिहास का अंत ?

एक दार्शनिक आया
और उसने घोषणा की–
दर्शन को सिंहासन पर बिठाओ
सारे राजनीतिक संघर्षों की समाप्ति हो जायेगी

दूसरा आया
उसने फतवा दिया–
जो मैं जानता हूं वह है दर्शन और विज्ञान
शेष सब कुछ है कुएं के मेंढक की टर्राहट

तीसरा आया
उसने अर्ज किया–
तत्त्वज्ञान यह है कि सारे दृष्टिकोण आंशिक हैं
सत्य सापेक्ष है

चौथा आया
उसने दावा किया–
सत्य शाश्वत और निरपेक्ष ही है
पर मेरे सत्य के विरोध में खड़ी
सारी सेनाओं ने हथियार डाल दिये हैं
हम विकास के चूड़ांत पर आ गये हैं
अतः हो गया है इतिहास का अंत अब
अंतिम महामानव के प्रकार की पहचान करो
और मनाओ उसके नैरंतर्य का महापर्व
पर कैसे करूं इतिहास के अंत का अनुष्ठान अभी–
शेष हैं जब तक विषमताएं ?
शेष हैं जब तक स्वतंत्रता के संकट ?

शेष हैं जब तक अंतर्विरोध और अंतर्द्वन्द्व ?

कोई स्वर्ग की रचना
नरक के द्वार से जा कर करने की नादानी न करे
इसलिये स्क्रिप्ट में उलट दो भूमिकायें
क्रांतिकारी को उदारवादी की भूमिका दो
उदारवादी को क्रांतिकारी की
राजा को राजवधिक की
और स्वामी को सेवक की

मार्च 1988

शेषनाग

निशांत की प्रवंचक मकरचांदनी में
मुर्गे बांग दे दे कर थक गये
पर प्रभात की किरणें
फिर फिर तिमिरांचल में खो जाती हैं
पाताल लोक के किन बौने बाशिंदों ने
सूर्य को अंधकार के महाजाल में बांध रखा है ?
मैं पाविक धनु से
अंधकार की छाती विदीर्ण कर
हांसिक नीर-क्षीर न्याय से
लोकोदय करूंगा
मौजूदा गतिरोध
मात्र एक पठार है
हमारी नियति नहीं
यह कैसी विडंबना है
कि मानव प्रकृति पर
विजय के मद में अकड़ता गया
पर स्वयं प्राविधि का गुलाम हो गया
विज्ञान युद्ध की चाकरी में लग गया
पर्यावरण का असंतुलन आत्मघाती होता गया
और मानस के मौसम की स्वायत्तता भी जाती रही
इस तथाकथित सभ्यता के सारे सोपान
कापालिक दूहों में खो जायेंगे
अगर वक्त रहते शेषनाग ने
क्षद्म सांस्कृतिकता के केंचुल नहीं छोड़े

एप्रिल 1988

ध्रुवतारा

इस तारे से हम तब तक कैसे रिश्ता बिठायें
जब तक सप्तर्षि के दो पार्श्व बिंदुओं से
इसका सीधा आरेखन न कर लें
अथवा जब तक स्वयं यह तारा
अपना कोण बदल कर
ध्रुव-सरेखन में न आ जाये
और महाकाश में
एक नयी धुरी के अवतरण का घोष न कर दे
जिसके उदय से
राशिचक्र की हस्तियां
आसन्न ऊषा के आलोक में
हतप्रभ हो रही हैं
सितारों से आगे एक और जहान है
अब तो चुनौती अंतरिक्ष की है
महाकाश और महामानस के अन्वेषण का मुहिम
पृथ्वी पर अभी सब कुछ उल्टापुल्टा है
सूर्य जीवन और ऊर्जा का स्रोत है
सूर्य शुद्धायक है
लेकिन हम तक जो किरणें आ रही हैं
वे सिर्फ जलन और मरण के दूत हैं
क्या अब वे ओ-जोन से छनकर नहीं आतीं ?
हम ग्राह के ग्रास में हैं
न हम घर के रहे न घाट के
हम कहां को अग्रसर हैं ?
और, क्या गुल खिलाने वाले हैं ?
यहां तकरार, वहां युद्ध

यहां भोपाल, वहां चरनोबिल
हमारे प्राण के लाले पड़े हैं
हम यंत्रणा में मच्छरों-से मर रहे हैं
कुछ भी पकड़ में नहीं आता
'मोती मानूस चून' सब पर से पानी उतरा उतरा है
बारिश होती है तो तेजाब की
या फिर भीषण अकाल का दृश्य है
सांद्र बादल अब हमारे पास नहीं फटकते
ये सारी घटायें कहां लुप्त हो गयीं ?
हमें मचान पर त्यक्त विषन्न छोड़ दिया गया है
और चींटियां और कौवे हमें जीवित आहार बना रहे हैं

तब भी ध्रुवतारा मरहमी आकाश में बुलंद है
हम एक नये प्रतिमान को अग्रसर हैं
हमें नील गगन चाहिए
लेकिन रोटी और हरियाली के बिना
क्या उड़ान संभव है ?

एप्रिल 1988

रणारोहण

अब मैं तटस्थ नहीं हूं
अब आग की लपट
नफरत का डंक
मेरे लिये मात्र समाचार नहीं हैं
अब सुरक्षा-क्षेत्र से हमारा अस्तित्व
निशानेबाजी के क्षेत्र में आ गया है
अब तो हम स्वयं दंगों में मर रहे हैं
इलाज के अभाव में रोगग्रस्त हैं
हमारे बच्चे भूखों मर रहे हैं
अब तटस्थता आत्मघात है
अब मैं रणारूढ़ हूं

फरवरी 1990

महाकाल

सर्वत्र अंधकार है
सब ओर से निकलने का मार्ग अवरूद्ध
रक्त-रंजित व्रण भर भी न पाये थे
कि भावी आघातों की अशंका से मृतप्राय हूं
कामनाओं की अकालमृत्यु की महामारी ने
वीतराग बना दिया था
पर नये अरमानों के पल्लव
रोम-रोम में फिर पुलक-उन्मेष भर गये
पर इस अकारण आनन्द के अतिरेक के पूर्व ही
मन-प्राण विषाद के चक्रव्यूह में ग्रस्त हो गये

न जानें सारा जग बैरी क्यों हो गया ?
मैंने तो कभी किसी का कुछ नहीं बिगाड़ा

पर इस शरीर का क्या करूं
जो व्याधि में भी दीप्त है
इस प्राण का क्या करूं
जो रण में खेत आ कर भी
अमरपाखी-सा पुनः जी उठता है

शायद वे हमारी विपन्नता पर द्रवित होते
पर हमारा भूत उन्हें रास नहीं आता
पर हमारा इतिहास तो
कर्ण के कवच और कुंडल-सा हमारा अभिन्न अंग है
इसे काट कर कहां फेंकूं ?
काल तो अविभाज्य है

एप्रिल 1990

उदय

हम संकट के इस गहन गह्वर से उबरेंगे
और शिखर पर स्वर्ण-विहान का विहाग खेलेंगे
हम जख्मों और पदप्रहार से त्राण पायेंगे
धूल का यह बवंडर
वासंतिक पराग में परिणत होगा
और इस शैल-मंडित बहुरंगी वनश्री में
सर्वत्र तितलियों और भृंगों का
मधुसिक्त महारास होगा
हम मात्र आर्थिक दासता से ही नहीं
राजनीतिक दास-संस्कृति से भी मुक्त होंगे
और समता और स्वतंत्रता के उभय उदयाचल पर
नूतन मानवता के नवारोहण का नवोत्सव मनायेंगे
हमारी आंखों से
मिथ्याभिमानों तथा स्वार्थों का
रोहा उतर गया है
हम भविष्यत् के महाकाश में स्पष्ट देख रहे हैं
सांस्कृतिक क्रांति के भ्रामक सोपान
हमारे पदाघात से
स्तरीय द्वंद्वात्मक रूपांतरण को आतुर हैं
अब समय आ गया है
जब कि सूंड़ी का तितली में कायांतरण हो
अब समय आ गया है
जब कि याक्षमिक भेंडों का हंसों में उड्डयन हो
हम शिखर से अंतरिक्ष में
ध्वन्यालोक की लय से प्रक्षेपण करेंगे
और ब्रह्मांड में इस गुरू-ग्रह का ध्वजारोपण

परंतु सब से पहले तो हमें करना होगा
मानस के इस अनन्त आकाश का अन्वेषण
'अहम् ब्रह्मास्मि' की स्वतंत्रता अपूर्ण है
मात्र सार्वभौम धार्मिक अहम् का चिदानन्द काफी नहीं है
हमें तो समाज में स्वतंत्रता और समता की तलाश है
हमें 'जबरन स्वाधीन' किये गये लोगों का सपाट दमन नहीं चाहिए
स्वतंत्रता की अनुभूति
न तो फासीवादी अथवा साम्यवादी सर्वसत्तात्मक राज्य में संभव है
और नाहीं परम ब्रह्म के साथ तादात्म्य में
स्वतंत्रता की परमानुभूति तो मात्र इस लोक में
आर्थिक समता की आधारशिला पर संभव है
अतः हमारा गंतव्य न तो धर्मस्थल है
और न स्तालिनवाद या नाजीवाद या उपभोक्तावाद
हमें हमारे मूलाधिकार चाहिए
हम इनके लिये संघर्ष को समुद्यत हैं
हमारे सारे मौलिक अधिकार मुहैया करो
हमारे 'नीलवर्णी अधिकार'
जो हमें राज्य की मनमानियों से त्राण दिलाते हैं
हमारे 'रक्तवर्णी अधिकार'
जो हमें भूख और आर्थिक विषमता से मुक्ति दिलाते हैं
हमारे 'हरित वर्णी अधिकार'
जो हमें पर्यावरण-संतुलन देते हैं
हमारा यह सुप्रिय ग्रह
यह भौगोलिक गांव
महानगरों की अंधेरी गलियों में क्योंकर दम तोड़े ?
अथवा राजनीति के रेगिस्तान में हमारे प्रशांत बाज
सूखे प्रपातों में बूंद भर वारि को क्यों तरसें ?
या फिर तथाकथित 'हरित क्रांति' से क्षतिग्रस्त
लावणित खेतों में हरियाली क्योंकर मूर्च्छित हो ?
भस्मासुरी विज्ञान से तो
प्राकृतिक संतुलन कहीं श्रेयस्कर है
हमारा यह सुदर्शन ग्रह
कल को लपटों में क्यों ऊपर उठे ?
और कालिख और धुयें के रेगिस्तान में

इसका पिनपिना अंत क्यों हो ?
सृष्टि के सुमुख नवोदय पर
महानगर की झुग्गियों में
ग्रीष्म के प्रथम प्रहर में
फैलने वाली आग की
विनाशलीला की कालिमा क्यों पुते ?
और यह सब किस लिये ?
कुछेक तामसिक अहमकों की तरंग-तुष्टि के लिये ?
और अति औसत झुंड के झुंड
टिड्डियों की कवायद के लिये ?

एप्रिल 1990

विहान

इस दुर्गम यात्रा की
अगरिमामय पटकथा का हाथ-उठाई पाग
मुझ पर क्यों थोपते हो ?
क्या मैं धीरोदात्त नायक नहीं हूं ?
या तुम इस अतिसामान्य तर्क से
अभिभूत हो चुके हो
कि छत्ते के बिना मधुमक्खियों की
कोई स्वतंत्र सत्ता नहीं होती ?
पर मनुष्य और मधुमक्खियों में अंतर है
तुम्हें रानी मधुमक्खी का ताज मिलने से रहा
प्राची के क्षितिज पर भी
समता और स्वतंत्रता का विहान हो चुका है

जून 1990

अस्मिता

भीड़ का हर चेहरा
अपना ही दीखता है
स्वयं अपने से भागते भागते थक गया हूं
जहां भी पहुंचता हूं
वहां पहले से ही अपने को मौजूद पाता हूं
मैं इस बिखराव से संत्रस्त हूं
मैं में हूं, और मैं ही रहना चाहता हूं
मैं सब नहीं बन सकता
मुझे खंडित मत करो
मेरी अस्मिता अक्षुण्ण है

अक्तूबर 1990

प्रासंगिकता

उसकी अप्रासंगिकता के अनेक चेहरे हैं
हर भीड़ में
हर मोड़ पर
उसकी अप्रासंगिकता
सुरसा-सी मुंह बाये खड़ी है
उसकी अप्रासंगिकता का कोई मूलकोण नहीं है
प्रासंगिकता की तलाश में
हम अपनी एकात्मता को
बहुलता में क्षीण कर लेते हैं
विज्ञता हमें प्रायः उदास कर जाती है
पर इस उदासी का कारण विज्ञता नहीं है

अक्तूबर 1990

संख्या

जिस जमीन पर वह खड़ा है
क्या वह फर्म है ?
या आसमान की ही तरह
वह भी वायवीय है ?
वह अपने शून्य से निकल कर
प्रायः बाहर नहीं आता
और बाहर आ कर वापस जाना नहीं चाहता
सब को एक नज़र से देखने का
स्वांग भी आत्मप्रवंचन है
सितारों के बीच पूर्ण चन्द्र से
नज़रें चुराना अप्राकृतिक नहीं है ?
उसके लिये नहीं जो संख्या का कायल है

अक्तूबर 1990

मकड़जाल

यह शरीर की पराजय न थी
और ना ही आत्मा की
यह पहल और संकल्प की मृत्यु थी
इस मृत्यु का जन्म
अपेक्षाओं की निरंतर उपेक्षा से हुई थी

समस्याओं से जूझते जूझते थक गया हूं
सहयोग के जिस सूत्र की ओर मुड़ता हूं
वह लमड़े रबर-सा टूट
आहत कर जाता है
संबंध में हर नयी गांठ
बेड़े को पिछले गिरह से ज्यादा कस कर बांधती है
पर अब तो हर नया संबंध
विलगाव का मकड़जाल बन कर आता है
मृत्यु का भय उसे क्योंकर हो
जिसकी जिन्दगी यातना का [illegible]द्रीय कारागार हो

एप्रिल 1991

महाभारत

मौसम का मिजाज बदला है
कल क्या गुल खिले किसे मा़लूम !
पर वातावरण की भीत शांति में
कोई तूफान छिपा है
जन-गण ने उस स्वामिनी का ध्यान धरा है
जिसने अंग्रेजों का भी मन मोह लिया था
उसके शिर पर कश्मीर का अखंड मुकुट है
और गले में पंजाब का कंठहार
उसके पीन पयोधरों पर
स्वर्णिम और धानी आंचल हैं
कभी तो उस रूपसी के धन-केशपाश अंबर में लहराते हैं
तो कभी पृथुल वेणी बन अनंग का मन मोहते हैं
उसके पराक्रम की कोख और मेखला की शृंखला अनंत है
उसका अक्षय आरण्यक सौंदर्य
गंगा ब्रह्मपुत्र से कृष्णा कावेरी तक फैला है
उसके कदलीवनों और कमलतालों में
वर्णों और ऋतुओं का श्रावणी पड़ाव है
उसकी पिंडलियों की कांति और चरणों का
इन्द्र भी अनुगामी रहा है
भरत, इस प्रगल्भा नायिका के चरणपर्वों में
सुमांगलिक ग्रहों और नक्षत्रों के घुंघरू डाल
और देख एक तांडव
पहले पद प्रहार में ही भूगोल डोल उठेगा
और सृष्टि में कोलाहल मच जायगा
समन्वय की सांस्कृतिक विरासत की रक्षा के लिये
यह महाभारत अनिवार्य है

एप्रिल 1991

स्वीकारोक्ति

ये रत्न नहीं मेरे सुवर्ण खानों के
जो सदियों तक सागर-तल में पगते हैं
फिर अब्दों तक भूगर्भ-ताप में दब कर
आकृतियों के विभ्राट फलक बनते हैं

ये झलक मात्र हैं उस विशाल अंबर के
जिसके अंतर में सागर सुप्त पड़े हैं
पर ज्वार नहीं अब तक आया है इनमें
अभिशप्त भवों को मुद्रा नहीं मिली है

उन मुद्रों का माधवी नाद सुनना हो
संपूर्ण शिखा को गांडीव का वर दो
सारा दिगंत बल उठे सुमन-कानन-सा
नभ में बिहरें अनुभाव हंस की पांतें

फिर उनका हो यदि हेमंती परिशीलन
तब बर्फानी शरतों में सश्रम शिल्पन
फिर वासंतिक परिदृश्यों में अनुमोदन
औ' ग्रीष्म ऋतु में प्रचुर हरित संकल्पन

इस भांति उदित होगी जो सुकृति मेरी
वह महाकाव्य की विरल शृंखला होगी
गंगा-यमुना में जलधारा उमड़ेगी
कविता की शाद्वल भूमि उर्वरा होगी

ये तो हैं वे कीकर-करील के श्रीद्रुम
जो थार मरू में उग पड़ते हैं ऐसे
जैसे कोई श्रीवीण स्वयं सरस्वति का
रमणीक करों में बजने को विह्वल हो

एप्रिल 1991

प्रथम प्रज्ञा

मत बांधो इस नदी को
यह अमृत-प्रवाह है
इसके दुकूल पर बैठो
और इसकी जलधारा में मनसा बहो
इसमें कूद पड़ो
और धार के साथ या विपरीत तैरो
बड़ा आनन्द आयगा
यह प्रथम प्रज्ञा की मनःस्थिति है
यह प्रथम धर्म की मानसिकता है
इसमें स्वयं को और दूसरे को संबोधि और संबंध के दायरे में
लाने की महती महत्ता है
इसमें मत-मतांतर
महासागर में महानदियों का स्नेहिल विलय हैं
तटबंध और पुष्टा तो जहर की नदियों का
प्राविधिक उपचार हैं
उन्हें तो बांधना ही काफी नहीं है
उन्हें एक दिन सहस्र-अग्नि प्रचंड सूर्य का प्रकीर्ण प्रकाश
पूर्णतः सोख लेगा

सितंबर 1991

श्रीशैल

जब ग्लेशियर के बढ़ते सैलाब में
बुगनवेलिया से लदी
वह लावण्यमयी घाटी डूबी होगी
तब रात्रि के पिछले प्रहर का
धूमिल प्रकाश छाया होगा
क्योंकि उस अचेतन मृत्तिक शिलाखंड का
बाह्य स्वरूप रूक्ष और मटमैला है
पर डार्करूम में
उस शिलाखंड पर
संकेंद्रित विद्युत प्रकाश डालते ही
वह अचेतन शिला
श्रीशैल में बदल गयी
ऐसी दिव्य विभा गोचर हुई
कि 'अंखियां मधु की मखियां' बन गयीं
बुगनवेलिया की गुलाबी वनश्री से दिगंत लद गया
और बहुरंगी तितलियों के मृदुरास का समां बंध गया

जिस रात उस निष्ठुर ग्लेशियर के सैलाब में
वह कुसुमाग्र घाटी डूबी होगी
वह बड़ी मनहूस घड़ी रही होगी
सघन अरण्य की वानस्पतिक संपदा के साथ
न जाने कितने प्राणियों ने
मज्जा-प्रकंपी शीत में दम तोड़े होंगे
इस घटना का लेखाजोखा तो
भूगर्भशास्त्रीय काल के
विशाल स्केल पर ही संभव है

फरवरी, 1992

अंतर्वलय

मन तो संख्याा में एक अपरिमित चाहें
हैं बुला रहीं एक ही समय शत राहें
सारे विकल्प संकल्प सदृश लगते हैं
शत स्वप्न एक ही बार राह धरते हैं
है यह संभव किस भांति बता मन मेरे ?
खंडित होगा तू स्वयं विकल मन मेरे
है देह एक, हैं शेष यंत्रगत साधन
मस्तिष्क एक, अस्मिता एक आराधन
संयंत्र कभी मानव-पद क्या पायेगा ?
हुई अगर भूल, भस्मासुर बन जायगा
पल में तू एक, अनेक दूसरे क्षण ही
क्या तुम महिषासुर, सूर्पनखा, रावण ही ?
कर अनिल-स्नान बन जा पुरुषोत्तम पल में
सत् रज तम का समरस हो अंतस्तल में
अति सात्विकी भी दोष एक है भारी
मारेंगे तुम को डाल दनुज भयकारी
पर खोज असुर को मत केवल बाहर ही
पाओगे उन को तुम अपने अंदर भी
हो तुम्हीं देव, हो तुम्हीं दनुज भयकारी
हैं इन्द्र वृत्र दोनों ही तो संसारी
सागर-मंथन है स्वयं आत्म का मंथन
हैं रत्न चतुर्दश ज्ञान-बोध के चिंतन
जब तक असुरों को बाहर तू ढूंढ़ेगा
धरती को फिर फिर शोणित में डालेगा
अंतर्मुख हो आसुरी शक्ति का कर क्षय
फिर विजय-मुकुट तेरे शिर वीर धनंजय

तब तू चुन-चुन कर खांडव-वन दाहेगा
प्रतिभा को देगा क्षत्र, छद्म नाशेगा
मेघा की कोई जाति नहीं होती है
मानव में भेदक पांति नहीं होती है
हैं वर्ग वर्ण सब खुले कपाट क्रिया के
अब नहीं बद्ध हैं चरण सुशील त्रिया के
नवयुग की लाली फैल रही सर्वत्तर
कलिकाल शेष, अब आगे है मन्वंतर
बच अनेकत्व विशृंखलता से योगी
बच अमिश्रित सात्विकी रोग से रोगी
मानस में अंतर्वलय पाल मन मेरे
किरणों का सप्तक हार कंठ में तेरे
मत ढूंढ़ सत्य तू वर्ग वर्ण श्रेणी में
विश्लेषण के उपरांत सत्य वेणी में
हैं वर्ग विविध तो भाव और नवरस के
व्यक्तित्व किंतु है एक समन्वित युग से
देवों में भी त्रिदेव त्रिकाल त्रिमूरत
एक ही कंठ पालक पोषक विध्वंसक
है महाकाल तो एक, काल खंडित हैं
गत और अनागत काल सभी वंदित हैं
भारत है एक विशाल फलक संस्कृति का
भारत है एक विराट स्वप्न संसृति का
दे अभयदान हर ताप समग्र विभव का
शीतल कर भाजित कुंड महामानव का
रोपण कर वृक्ष विराट महावृद्धि का
युद्धोन्माद से मुक्त शील समृद्धि का
हे महाबोधि, हे प्रवर्धिष्णु सिंहशावक
हे सत्यव्रती त्रिसिंह बहुकल्याणक
जन-गण-मन में कर वास भीति हर तू हे
रोते नयनों का अश्रुधार हर तू हे
क्या कभी काल का चक्र थमेगा क्षण भर ?
पल क्या कोई इतिहास-मार्ग से बाहर ?
कुछ लोग पालते वहम पलायन संभव
कोई मग तो होगा निश्छल निर्द्वंद्व

इतिहास और भवत्रास शून्य तब होंगे
जन के अनंत कल्याण चतुर्दिक होंगे
अंतर्विरोध जब शेष किसी पल होगा
इति से हम होंगे मुक्त काल नत होगा
पर क्या संभव है वह पल भी आयेगा ?
सात्विकी मार्ग निष्कंटक हो जायेगा ?
समता स्वतंत्रता का संवर्तन होगा ?
नव-ज्योति जलेगी विश्व-विवर्तन होगा ?
अब तक तो है यह महज एक मृगतृष्णा
एक वाग्जाल, एक इन्द्रजाल, एक सपना
पर भूत नहीं है मात्र सूत्र आगत का
कर दें खारिज हम स्वप्न अनागत का ?
इसलिये असंगत नहीं पूर्णतः सपना
संघर्षहीन जग हो सकता है अपना
पर जब तक होता सही नहीं प्रक्कल्पन
तथ्यों का कैसे हो सकता अवमूल्यन ?
पहरे के अंदर रख अंतर्द्वन्द्वों को
नियमन के अंकुश में रख संघर्षों को
मन पर अनुशासन औ' शासन का वर्जन
स्वीकार करो स्वेच्छया समष्टि-संयोजन
संतुलित करो बल से बल, समता लाओ
आच्छादी वृत्तों में चेतना जगाओ
जब तक न शक्तियों का बंटवारा होगा
अंतर्वलयित अस्तित्व न रूप धरेगा

ईस्टर 1992

नीड़

सूखी नदी के तट पर
एक ठूंठा वृद्ध बरगद
जिस पर एक त्रस्त नीड़
अब भी किसी तरह टंगा है
गरूड़ और उसकी सहधर्मिणी
शापग्रस्त राख और कोयले-से बिखरे पड़े हैं
और उनके शिशु दाने-दाने को तरस रहे हैं
ईश्वर, क्या अब भी जीवन और जय संभव है ?

नंवबर 1992

श्रावणी

मैं मरा भी तो महाभारत न होगा शेष
मैं मरा भी तो न होगा शेष प्रतिभा का प्रभंजन
कौरवों का हस्तिनापुर तो उसी दिन ध्वस्त था
निर्माण में दिन पड़ी थी नींव कायर सूरता की
रोक सकता है न कोई मार्ग नव-अन्वेष का
खेत आया मैं अगर तो भी न गम है
यात्रा कितनी बड़ी भी हो
आरंभ उसका है पहलकदमी में केवल
नींव में बस दीखते हैं शब्द मेरे
पल्लवों में व्याप्त सारे भाव भी मेरे जने हैं
अंत होगा ग्रीष्म और शीत का
आ रहा है चक्र वासंतिक परागों का
आ रहा शाश्वत समां अब श्रावणी का

नवंबर 1992

कैसी भीति ?

टैगोर ने चाहा सारा समाज ब्राह्मण हो जाय
गांधी ने शुद्ध अंतःकरण से
सब को हरिजन बनने का आमंत्रण दिया
दोनों के सपने मूलतः एक हैं
क्योंकि ब्राह्मण और हरिजन दोनों ही
सात्विक हस्तियां हैं
वे शोषणतंत्र के अंग नहीं बन सकते
स्वयं हरि के चुनिन्दा जन को
कैसी भीति ?

नवंबर 1992

प्रार्थना

अनीश्वरता के निर्वृक्ष वनपथ पर
अब प्रार्थना के पौद भी प्रकट हुए हैं
पर शायद मेरी गुहार
तुम तक नहीं पहुंचती
या संभव है
मेरे विलाप़ पर तुम कान नहीं देते
सहस्र चक्षु-से
तेरे सहस्र कान कब उगेंगे मेरे देव ?
मेरे शचीन्द्र

नवंबर 1992

वामन

वामनों के देश में विराट आज
चारों खाने चित्त बंधा पड़ा है
अंग अंग वज्रगांठ में बंदी–
आर्थिक विवशता के रज्जु
राजनीतिक पंगुता के रज्जु
सामाजिक एकाकीपन के रज्जु
सब ओर से उसे बांध बूंध कर
विकलांग कर गये हैं
वह सिर्फ बेगार के लिये 'स्वतंत्र' है
सप्ताश्व का मार्ग
और गंगा का सुविमल धार
उसकी दृष्टि से ओझल हैं
वह कर्मनाशा के तट पर पड़ा पड़ा
जीवन के चन्द शेष दिन काटने को विवश है
चुन चुन कर उसके स्वप्न और श्रम
लूट और आगजनी के शिकार बनाये गये
नये अर्थतंत्र के विचित्र डारविन निकष पर
मेहनतकश अल्प पोषण के बावजूद
जब सोना उगलते खेत आयेंगे
तब वामन सिर्फ तीन कदमों में भूमंडल माप कर
अपने लिये एक सुनहरे संसार का निर्माण करेंगे

नवंबर 1992

सूर्य-विजय

चांद पर विजय को निकले थे जो
वे तो वहां उतर
आ गये वापस भी
साथ लाये चन्द श्याम चन्द्र-चिप्स और रोड़े
और यह निराशाजनक खबर
कि चांद है मानव के बसेरे के लिये अनुपयुक्त
संभव है फिर भी हो
चन्द्र-विजय का कुछ समरनीतिक महत्त्व
या फिर एक महती अहम्मन्य अंतरिक्ष-यात्रा का
हठयोग ही

पर मैं तो चांद की मकरचांदनी का ठगा
सूर्य पर ही विजय को निकला था
सूर्य जो है समस्त ब्रह्मांड का केंद्रीय पिंड
सूर्य जो है समस्त वसुधा पर प्राण का स्रोत
सूर्य जो है चांद की विभा का भी प्रणेता
सूर्य जो है अग्नि का आदिम हवन-कुंड
सूर्य जो है समस्त प्रदूषण का संशोधक
मेरे पूर्व सूर्य-विजय को निकला था संपाती
उसके हुए थे पंख जल कर भस्म
और गिरा था भूमि पर प्रचंड संत्रास से वह
पर मैं तो अभी टंगा हूं आकाश में
और पंख अब भी हैं पुनर्नव
शरीर क्षीण है और रूग्ण भी
पर मानस में अब भी हैं सहस्र सपने
कल्पना के मानसर में अब भी उठती हैं लोल लहरें
क्षीर-सागर में अब भी उठते हैं ज्वार प्रबल
शेष है अब भी सूर्य-विजय का सुशांत संकल्प

दिसंबर 1992

निधन

जनम की ही तरह
उस की मृत्यु की हैं तिथियां कई
पहले समझता रहा इन मृत्युओं को
सामयिक बीमारियों का दौर वह
कर लेगा जिन से स्वास्थ्य-लाभ वह कभी
पर अब भास होता है उसे
कि हर रुग्णता का दौर था
वस्तुतः मरण ही
भले ही तब ऐसा लगा हो नहीं उसे
अब जब आर्थिक अहर्यताओं और निर्णयों पर से
होता-सा लगता है पूर्णतः बेदखल वह
'मैं' के निधन का
हो रहा है यकीनन कायल वह

दिसंबर 1992

देवदत्त

सांसत में है जान पर अटके हैं प्राण
रक्षा कर भगवन दे दे हमें त्राण
रख ले कानून रख ले संविधान
रख ले इंसाफ व प्राकृतिक विधान

उठाता हूं देवदत्त, उठाता हूं गांडीव
हो चुका अनर्थ अब असह्य अतीव
ईश्वर का मिशन, ईश्वर का काम
करता है धरा पर मानव महान

दिसंबर 1992

हस्ताक्षर

विद्वेष में जहां-जहां तुम ने
मेरा नाम मेटा
अदृश्य ने वहां-वहां मुझे दृश्य किया
कुंठा में जहां-जहां तुम ने
मेरे पल्लव और कलिका मरोड़े
अदृश्य ने वहां-वहां
मेरे कल्प के संकल्प साकार किये
असूया में जहां-जहां तुम ने
काल के सैकत पुलिन पर
मेरे पद-चिह्न अपहृत किये
अदृश्य ने उन्हें काल के विशाल फलक पर भासमान किया
अमर्स में जहां-जहां तुम ने
मुझे शिखर से गरदनिया देकर धकियाया
अदृश्य ने मुझे कोटिक का आधार दिया
लोभ में जब-जब तुम ने
लक्षागृह में हमें जलाना चाहा
अग्नि ने स्वयं रक्षा-कवच बन हमें संरक्षण दिया
हम नहीं मरते मर्त्यों के मारे मेरे दोस्त
मेरे हस्ताक्षर ब्रह्मांड के कण-कण पर अंकित हैं

दिसंबर 1992

उत्तरायण

मेरे अंत में ही मेरा आदि छिपा था
अब जब कामनाएं भुखमरी में
एक एक कर मरती गयीं
शरीर रुग्ण और निर्बल है
तो मन में वीतराग्य की विचित्र शांति है
यह सर्वारंभ परित्याग है
अथवा परवशता का अनुष्ठान ?

तुम मेरा आदि हो
मैं तुम्हारा अंत
संभव है मेरा विगत बेचैन तनाव
तुम्हें मेरी विरासत हो
क्यों नहीं ?
मेरे व्याध-प्रश्न पर
तुम्हारी तनावग्रस्त मुखाकृति पर
एक क्षणिक मुस्कान आयी थी
जो दामिनी की द्युति के समान
पल भर में ही लुप्त हो गयीं
जैसे संतप्त मरुस्थल में
तप्त वारि का एक बूंद

समझ में नहीं आता
मैं किस का वरण करूं
इच्छामृत्यु भीष्म का
या पार्थ का ?
शरशैया पर पड़ा पड़ा

सूर्य के उत्तरायण की प्रतीक्षा करता रहूं
अथवा गांडीव उठाऊं
और तल अतल पाताल व्योम
सब को भेद कर
अमृत के अक्षुण्ण कलश का संधान कर लूं

फरवरी 1993

जिजीविषा

समस्त कोलाहल में गतिमान है
सिर्फ शांत स्वर
पर स्वर और शांत ?
कैसा है विरोधाभास यह ?
संभवतः रव की निरर्थकता की रिक्तता में
स्वरों ने बुन डाला है मौन की सार्थकता का विभ्रम
वरना कैसे है संभव यह
कि कलरव भी लगे
महानगर में बस के अंदर का निनाद-सा !
है यह चक्रव्यूह में घिरे
अभिमन्यु का ही दुखद अंत
क्योंकि न तो मैं शेषकाम हूं
और न सर्वारंभ परित्यागी
पर वाक् और क्रिया की अकाल मृत्यु के बावजूद
जीवित हूं मनसा आज भी मैं

फरवरी 1993

जागे भारत महान

निर्माण की चर्चा में
विध्वंस की मंशा का
तुमुल कांड छिपा था
फूल में कांटे की तरह
कमल में कीच की तरह
धर्म अफीम है
और राजनीति एक दुर्निवार आवश्यकता
पर क्या असंभव है इनका परिमार्जन ?
आज 'मंडल' और 'मंदिर'
न्याय और धर्म की विडंबना के बने हैं प्रतीक दोनों
एक 'संरक्षणात्मक विभेद' की नीति की बैसाखी से
पीट पीट कर निकाल रहा है न्याय का कचूमर
दूसरा धर्म की बैसाखी संभाल
भर रहा है डग राजनीति के मार्ग पर
नहीं है औचित्य एक भूल दूसरी भूल का
शून्य नहीं बनाती दूसरी पहली भूल को
जागे जनता जनार्दन, जागे भारत महान

वसंत 1993

कर्ण

कर्ण का शौर्य अप्रतिम है
यह भौतिकता पर चित्त की अंतरिम विजय थी
पर अंतिम पराजय में भी
गया रश्मिरथ पर हो आरूढ़ वह
समस्त वसुधा को कर्ण-सुख का दान दे कर
दलितों को भी अदम्य अभिमान दे कर
अर्जुन के विजय को सारहीन कर के
रक्तरंजित वसुधा को श्रीहीन कर के
वह सूर्य से निकला था
हुआ फिर सप्ताश्व में विलीन वह

क्या पता धरती नहीं सह पायी उसकी प्राण-पीड़ा
ग्रस लिया रथचक्र उसका उड्यन के योग में ही
मुक्त कर संत्रास से उसको धरा ने त्राण पाया
कर्ण ने स्वरलोक में वैभव विभा का प्राण पाया
कर्ण की मंशा नहीं मिट जायें नभ में क्षुद्र तारे
सूर्य भास्वर हो उठे तब कर्णमय हों चक्षु सारे
सृष्टि का निर्माण नव अब है सुलभ
कर्णगुण अब भूमि पर सर्वत्र संभव

मार्च 1993

कुलीन उदारवादी

कुलीन उदारवादी होता है बड़ा निरीह प्राणी
होती है उस के पांव के नीचे की जमीन खिसकी
ऊपर का आकाश होता है लुभावना पर मेघ-संकुल
अतः उदारवादी होता है बड़ा उदार
विचलन देता है जन्म शंका को
शंका में डूबते उतराते
दौड़ता है वह संख्या के पीछे
सीपिओं का मोल
है उसकी नजर में
शंख से कहीं ज्यादा
चांद सूरज की अपेक्षा
तारे दीखते हैं उसे ज्यादा वजनी
उदारवादी होता है बड़ा निरीह प्राणी
विशेषतः कुलीन उदारवादी
उदारवादी के मार्क्सवादी मित्र
मिलते हैं बड़े गर्मजोशी से उस से
पर मौका मिलते
काटते हैं
उस के पत्ते चुन चुन
उदारवादी होता है बड़ा निरीह प्राणी
विशेषतः कुलीन उदारवादी
उदारवादी के गांधीवादी मित्र
ढूंढ़ते हैं तनाव में साथ उस का
पर समझते हैं उदारवादी है क्रीत दास उन का
काटते हैं वे चुन चुन कर जड़ें उस की
मित्र के गले पर अहिंसा की उल्टी छुरी रेत रेत

करते हैं अपने सबसे पुनर्नवसंभवा मैत्री का हलाल
गांधीवाद को निहित स्वार्थवाद
बनने से रोक सकता है
सिर्फ प्रगतिशील उदारवाद
उदारवादी नहीं है वैसा निरीह प्राणी
विशेषतः कुलीन उदारवादी
गत कुलीनवाद और आगत उदारवाद की
दुहरी तलवार से लड़ता है
जंग में उदारवादी
ज्वारग्रस्त सागर में
भविष्य की नाव
लगायेगा तट उदारवादी
विशेषतः कुलीन उदारवादी

मार्च 1993

ग्रह-गृह

हमारे हस्ताक्षर
समस्त ब्रह्मांड में बिखरे हैं
हर फूल के दामन पर
मेरे घ्राण हैं
हरियाली मेरे दम से है
वायु के हर झोंके पर
मेरे पदचिह्न हैं
बारिश की हर बूंद में
मेरे प्रेम का रसायन है
फिर भी मैं भूगर्भ-सा दहनकुंड हूं
अपनी आग में स्वयं ज्वलंत हूं

मेरी नदियों का वेग एक दिन
सागर को आकाश गंगा-सा
द्विगुणित नीलिमा देगा
सूर्य की क्षारक अग्नि को
जैविक ऊष्मा देगा
मेरी ऊर्जा से
ग्रह-नक्षत्र तारों की पायलें बांध
लास्यमय रास करेंगे
समस्त वसुंधरा पर
नारी-नर वासंतिक पराग से गुलाल खेलेंगे
उस वैश्विक ग्राम में
मेरा भी एक सुंदर सुरुचिपूर्ण आवास होगा
जिसके पर्ण-पर्ण पर
हमारी परस्परावलंबी निजता का आख्यान होगा

होलिकादहन 1993

पवि

मैं वेदना की शैया पर मरणासन्न हूं
पर किसी को परवाह नहीं।
मैं उत्सर्ज्य का उत्सर्ग-स्थल बना हूं
मैं चोरी-छिपे अपने निन्दकों में शामिल हो जाता हूं
मैं आत्मपतन में रस लेने लगा हूं
मैं अपनी हार का जश्न मनाने लगा हूं
मैं अयस को स्वर्ण का मान देने लगा हूं
मैं अपनी अग्नि से आंख चुराने लगा हूं
कृष्ण को सारे मंजर और मुकुल समर्पित हैं
पर मुझे कोई शिकन नहीं
कृष्ण क्षत्र धारण करता है
पर मैं ब्रह्मण्य तप-त्याग में संतुष्ट हूं
मैं हाशिये पर धकियाया गया हूं
विषाद के गर्त में गिराया गया हूं
पर मैं इस अनादि गर्त को सृजन का द्वार मानता हूं
एक नये प्रतिमान की पूर्वपीठिका
पर अब भी टनेल का अंत नहीं दीखता
इतिहास-चक्र से निकास का मार्ग अब भी दुर्लभ है

सितंबर 1993

विशाल

विश, तुम्हें जानना अनिवार्य है
सिर्फ चिंतन से नहीं
आनुभविक स्तर पर भी
तुम्हारे चंचल मूडों और क्षणों का ज्ञान
आवश्यक है
तुम्हारे स्फुरणों
सम्मोहनों
तुम्हारी निराशाओं
तुम्हारे मोहभंगों
तुम्हारी निष्क्रियताओं
तुम्हारे उथल-पुथलों
सब का लेखा जोखा जरूरी है
स्वयं आत्मज्ञान से भी बेहतर तौर पर
जनमानस का रसायन अन्वेषणीय है
क्योंकि जहां सारे मार्ग बन्द प्रतीत हों
वहां भी जनसत्ता किसी तरह पार उतरती है
उसके रथ के चक्र कभी कीच के ग्रास नहीं बनते

सितंबर 1993

परिशिष्ट

कविता और मैं
महेन्द्र प्रसाद सिंह

प्रश्न : आपने कविता लिखना कब और कैसे शुरू किया ?

मैं प्रायः सोचता हूँ कि मैं अगर राजनीति-वैज्ञानिक नहीं होता तो कवि होता। बल्कि सच तो यह है कि मैं महसूस करता हूँ कि मैं गलत पेशे में आ गया हूँ। मुझे साहित्य का विद्यार्थी होना चाहिए था। मैं चाहता भी यही था। 1960 में जब मैंने पटना कालेज में आई. ए. की परीक्षा पास की मैंने सोचा कि बी. ए. में मैं हिंदी साहित्य में ऑनर्स लूँगा। आई. ए. की परीक्षा में पूरे पटना विश्वविद्यालय में मेरा स्थान तीसरा था। उपलब्धि के ख्याल से मुझे सब से अच्छे अंक हिन्दी में आए थे, उसके बाद, क्रम से, मनोविज्ञान, अंग्रेजी, और नागरिकशास्त्र में जो ऑनर्स में राजनीतिशास्त्र बन जाता है। मेरा मन भी ज्यादा साहित्य में–विशेषतः हिन्दी कविता में–रमता था। लेकिन हिन्दी ऑनर्स पढ़ने का मेरा विचार पटना कालेज के जैक्सन हॉस्टल की मेरी मित्र-मंडली को पसंद नहीं आया। मेरे मित्रों ने मेरी नसीहत की–हिन्दी पढ़कर अपना भविष्य बर्बाद करना चाहते हैं ? उन्होंने मुझे अंग्रेजी ऑनर्स पढ़ने के लिए बहुत प्रेरित किया। काफी दबाव भी डाला। इन मित्रों में प्रमुख थे कहलगांव स्कूल से आये श्री सियाराम राय जो उन दिनों पटना कॉलेज में हिन्दी और अंग्रेजी के बड़े अच्छे डिबेटर माने जाते थे और अब भागलपुर विश्वविद्यालय में अंग्रेजी के प्रोफेसर हैं।

हिन्दी ऑनर्स पढ़ने की मेरी इच्छा के पीछे एक और जबरदस्त बात यह थी कि मैं अपने गाँव ओकरी (तब बिहार के गया जिले में, अब जहानाबाद जिले

यह संस्मरण-सह-निबंध युवा-समालोचक, डा. सुरेश गौतम के द्वारा साक्षात्कार के निमित्त उठाये गये कुछ प्रश्नों के उत्तर में लिखा गया है।

में) के श्री हरिहर हाई इंगलिश स्कूल में पढ़ने के दिनों से ही हिंदी कविताएं खूब पढ़ने और लिखने लगा था। यह शौक मुझे शुरू-शुरू में अपने पिताजी श्री शिवेश्वर प्रसाद सिंह के द्वारा स्थापित पारिवारिक पुस्तकालय–पहले विद्या पुस्तकालय, बाद में श्री हरिहर पुस्तकालय–में संचित पुस्तकों तथा पत्र-पत्रिकाओं से लगा। पिताजी पुराने कांग्रेसी थे। जमींदार होते हुए भी वे कांग्रेस के राष्ट्रीय आंदोलन से बहुत सहानुभूति रखते थे। बगाबग सफेद खादी पहनते थे और एक खूबसूरत बक्सुनमा चर्खा खोलकर नियमित सूत कातते थे। उनके पुस्तकालय में अधिकांश पुस्तकें तो राजनीति से संबंधित थीं–कांग्रेस, किसान सभा, नेहरू, गांधी, जयप्रकाश नारायण, स्वामी सहजानंद सरस्वती, रूस, चीन आदि पर। घर में भी दीवारों पर बड़े-बड़े फ्रेमों में राष्ट्रीय और प्रांतीय स्तर के कांग्रेसी नेताओं के फोटो टंगे थे। लेकिन मेरा मन कविता-कहानी, तथा **चांद** और **माधुरी** की फाइलों में ज्यादा लगता था। दुर्गापूजा और ग्रीष्म अवकाश में पटना कॉलेज से गाँव लौटने पर मेरा ज्यादा वक्त पिताजी के पुस्तकालय में बीतता। मेरे चाचाजी श्री केदारनाथ सिंह बड़े कड़ियल जमींदार थे, और उन दिनों वृद्धावस्था के कारण ज्यादातर बिस्तर पर लेटे रहते थे। एक बार उन्होंने लेटे-लेटे मुझसे **जयद्रथ-वध** सुनाने का अनुरोध किया। बाद में, मैंने उन्हें अपनी ओर से, एक बार **रश्मिरथी** सुनाई। फिर तो हर अवकाश में जब मैं पटने से घर लौटता तो मुझे उन्हें एक बार आद्योपांत **रश्मिरथी** सुनाना पड़ता। जवानी में उन्होंने स्वयं भी शृंगार और युद्ध की कुछ कविताएं जोड़ी थीं। मैं भी कविताएं लिखने लगा था। मैट्रिक पास करते-करते मेरी कविताओं की संख्या इतनी पहुँच गई थी कि अगर आज वे सुरक्षित होतीं तो एक पुस्तक बन सकती थी। विद्यालय में भी मेरी इस प्रवृत्ति को मेरे शिक्षकों तथा मेरे प्राइवेट ट्यूटरों से बहुत प्रोत्साहन मिला। मेरी आरंभिक शिक्षा संस्कृत विद्यालय, ओकरी, में हुई। वहां बचपन में ही स्मृति-कोश में संचित **ऋग्वेद** का गायत्री मंत्र आज भी कंठस्थ है। संस्कृत ग्रंथों के प्रति रुझान बचपन से ही पैदा हो गयी। मिड्ल स्कूल और हाई स्कूल में पुस्तकालय से लेकर पढ़ी गयी कविता-पुस्तकों से तथा कुछ शिक्षकों के प्रोत्साहन से मेरी अभिरुचि कविता में और भी पल्लवित हुई। संस्कृत विद्यालय के शिक्षक श्री रामप्रकाश शर्मा पंडित और कर्मकांडी थे। हमारे शिक्षक होने के साथ-साथ वे मेरे परिवार के पुरोहित भी थे। मध्य विद्यालय के प्रधान शिक्षक श्री हलखोरी शर्मा **रामचरितमानस** और **हुंकार** की कवितायें बड़े मधुर स्वर में पाठ करते थे। हमारे प्राइवेट ट्यूटर श्री हरगोविन्द सिंह बड़े कठिन शिक्षक थे। गणित पर उनका विशेष जोर मुझे प्रायः परेशानी में डालता था, पर उनके द्वारा **मधुशाला** और श्याम नारायण पांडेय की **हल्दीघाटी** का सस्वर पाठ अच्छा लगता था। उच्च विद्यालय में प्रधान अध्यापक श्री रामेश्वर शर्मा और संस्कृत तथा हिंदी शिक्षक श्री झूलन पांडेय ने क्रमशः विज्ञान और साहित्य में हमारी अभिरुचि बहुत तीक्ष्ण

कर दी थी। इन दो क्षेत्रों में बाहर से अल्प वर्षों के लिए आये दो शिक्षक–श्री ललन प्रसाद शर्मा (हिन्दी) और श्री रामशरण भगत (विज्ञान)–ने भी यही भूमिका अदा की। श्री शर्मा से **रामचरितमानस** और श्री पांडेय से वियोगी जी का **आर्यावर्त्त** सुन-सुनकर कतिपय अंश स्वमेव याद हो गये। इसी संदर्भ में एक और शिक्षक श्री भोला प्रसाद सिंह आते हैं जो दर्शनशस्त्र में एम. ए. थे और सर गणेशदत्त सिंह के गाँव गोनामा के थे। वे अब मालतीधारी कॉलेज, नौबतपुर, में दर्शनशास्त्र के शिक्षक हैं। साहित्य के प्रति रूचि गहराने में मेरी उर्मिला दीदी के पति श्री राघवेन्द्र नारायण सिंह का भी मुझ पर प्रभाव पड़ा। उन्होंने हिन्दी साहित्य में पटना विश्वविद्यालय से एम. ए. किया और अभी श्री जयगोविंद उच्च विद्यालय, दिघवारा, में प्रधान अध्यापक हैं। बाद में उन के एक सहपाठी श्री विजय कुमार सिंह ने **महादेश** नाम की एक पत्रिका कुछ समय के लिए चलाई, जिस में राजनेताओं के व्यंग्य-विनोद पर मेरा भी एक लेख प्रकाशित हुआ था।

मैट्रिक परीक्षा के बाद जब मैं ग्रीष्मावकाश में पिताजी के साथ गांव से पटना गया तो **कामायनी** खरीद लाया। समझ में तो बहुत कम आई, पर 'श्रद्धा' सर्ग पढ़ना बहुत अच्छा लगा। पिताजी के पुस्तकालय में **आंसू** पहले से मौजूद था, और मुझे बहुत पसन्द आया। उसी प्रकार **हलाहल** भी मुझे बहुत अच्छा लगा। **मधुशाला** तो उसके सामने तब भी हल्की प्रतीत हुई। **उर्वशी** मैंने पहली बार गैज्युएशन के बाद पढ़ी, और उसके तृतीय अंक से बहुत आह्लादित हुआ। **कुरुक्षेत्र** भी लगभग उन्हीं दिनों पढ़ा, और काफी प्रभावित हुआ।

हिन्दी साहित्य में ऑनर्स लेने की मेरी मनसा स्वाभाविक ही थी। लेकिन मित्रों के प्रेमपूर्ण दबाव में आकर मुझे अपना विचार बदलना पड़ा। गाँव के स्कूल से आने के कारण अंग्रेजी में ऑनर्स लेने का साहस नहीं हुआ। गणित कमजोर रहने के कारण विज्ञान पढ़ने का सवाल नहीं उठा। निदान, मैंने राजनीति विज्ञान में ऑनर्स लेकर आगे पढ़ने का निर्णय किया।

राजनीतिशास्त्र में ऑनर्स लेने का एक परिणाम यह हुआ कि धीरे-धीरे कविता से मैं दूर होता गया। मैं राजनीति विज्ञान में मशगूल होता गया। 1969-1975 के कनाडा-प्रवास में तो मैं कविता से पूर्णतः अलग-थलग हो गया और लगभग बीस साल तक मैंने कविता नहीं लिखी। इस बीच कनाडा में सिर्फ एक कविता जाने कैसे लिखी गयी :

"भूमंडल की दूसरी ओर
आज वसंत का त्योहार है।
प्रशांत महासागर के इस पार
आज भीषण हिमपात है;
मन में झंझावत है।

खिड़की के बाहर रजत के रेशे
हवा पर तैरते हुए
जमीन पर गिरते हैं,
और बर्फ के अंबार में खो जाते हैं।
कुछ रेशे ठूंठे, पतझरे पेड़ों की डालों
और टहनियों में लिपट कर रह जाते हैं।
वे मोम के दरख्त
मुझे बाहर आमंत्रित कर रहे हैं :
आओ तुम भी बर्फ को गले लगा लो।
उससे खेलो, उस से प्यार करो।
बारिश की बूंदों की तरह
ये शरारती नहीं होतीं,
शोर नहीं मचातीं,
कपड़े नहीं भिगोतीं;
सिर्फ हल्के-से छूकर
नीचे सरक जाती हैं।
बर्फ, तुम सचमुच
बहुत खूबसूरत हो,
धवल पवित्रता की मूरत हो।
मेरी एक बात मानोगी ?
मेरी सारी ऊष्मा ले लो
और, अपनी पवित्र शीतलता
मुझे दे दो।"

1982 में मेरी कविता के पुनर्जन्म की भी एक कहानी है। **सूर्यारोहण** (1986) में 'समर्पण' में मैंने सूचित किया है कि मेरे आतमज राजेश के अनुरोध पर मेरी कविता का पुनर्जन्म हुआ। यह बात एक ढंग से सच होते हुए भी भ्रामक है। हुआ यह था कि उस साल दिल्ली विश्वविद्यालय में प्रथम सत्र में शिक्षक संघ के आह्वान पर सेवा-शर्तों में सुधार के लिये हड़ताल के कारण शिक्षण स्थगित हो गया। हड़ताल शायद कई महीने तक चल गयी। फिर उसके बाद नयी दिल्ली में आयोजित एशियाड-82 के लिए घोषित अवकाश भी जुड़ गया। यह इंदिरा गांधी के 'शाही' प्रधान मंत्रित्व के दूसरे दौर में, जब वे शक्ति व अंतर्राष्ट्रीय प्रतिष्ठा के शिखर पर थीं, एक बहुत शानदार आयोजन था। जो राष्ट्रीय स्तर पर भारतीय टी. वी. 'दूरदर्शन' पर प्रदर्शित हुआ। इसके तुरंत बाद दिल्ली में दो अन्य महत्त्वपूर्ण अंतर्राष्ट्रीय घटनायें हुईं–कॉमनवैल्थ राष्ट्राध्यक्षों का सम्मेलन (जिसमें कनाडा के

प्रधानमंत्री पियर इलियट ट्रुडो ने बड़ा प्रभावी व्याख्यान दिया) तथा गुट-निरपेक्ष राष्ट्रों का सम्मेलन। इन घटनाओं ने भारत की विशाल राष्ट्रीय चेतना को एक नये शिखर पर उदित किया। तब तक पंजाब और असम की समस्याएँ भी उतनी भीषण नहीं हुई थीं जितनी वे बाद में हो गयीं। कश्मीर भी तब तक पर्यटकों का स्वर्ग ही बना हुआ था। बहरहाल, मैं शिक्षण में संलग्नता से निकल कर राजनीति-विषयक किसी शोध या लेखन में अभी नहीं लग पाया था। बीच की खाली वाली अवधि की मनःस्थिति थी। एक शाम को दिल्ली के मॉडल टाउन स्थित अपने तत्कालीन आवास की बालकोनी में बैठकर हम लोग बातचीत कर रहे थे। परिवार के ही कुछ सदस्य थे। राजेश, जो उन दिनों स्कूल का ही छात्र था, मेरी किशोरवय में राष्ट्रकवि मैथिलीशरण गुप्त, राष्ट्रकवि दिनकर, बच्चन, वियोगी, आरसी, हंसकुमार तिवारी, जानकी वल्लभ, कलक्टर सिंह केसरी आदि कवियों से किये गये मेरे पत्राचार का पुलिंदा घर में कहीं से निकाल कर देख चुका था और उन दिनों वह **हुंकार** पढ़ रहा था। जब हम बातचीत कर रहे थे तब भी वह पुस्तक उसके हाथ में थी। वह स्वयं भी अच्छी कविताएं लिख लेता था तथा अच्छा चित्रांकन कर लिया करता था। कला की ओर वह उन्मुख और संवेदनशील हो रहा था। अब तो वह बहुत श्रेष्ठ कार्टूनिस्ट हो चुका है और राष्ट्रीय पत्रों में उसकी रचनायें छप चुकी हैं। बहरहाल, उसने मुझसे पूछा "छोटे पापा, पहले आप कविता लिखते थे, अब क्यों नहीं लिखते ?" मैंने उसे बता दिया कि मेरी कविता राजनीति का शिकार हो गयी। राजनीति विज्ञान में मैं जैसे-जैसे अंतर्ग्रस्त होता गया, कविता से दूर होता गया। यह व्याख्या दे देने के बाद मेरे लिये बात आयी-गयी हो गयी। तब मैंने लेशमात्र भी नहीं सोचा था कि राजेश मुझसे कविता लिखने का अनुरोध कर रहा है। ना ही मैंने यह निश्चय किया था कि मैं पुनः कविता लिखने की ओर प्रवृत्त हूँगा। लेकिन उस रात सोकर जब मैं भोर में जगा—मैं किशोर-वय से ही सुबह तीन-चार बजे उठकर काम करता हूँ—तो एक दीर्घ अंतराल के बाद एक लंबी-सी कविता अनायास मेरी कलम से निःसृत हो गयी (वह कविता सूर्यारोहण में 'सांस्कृतिक क्रांति' शीर्षक से संग्रहीत है) और तब दिल्ली विश्वविद्यालय में उस हड़ताल और एशियाड-82 के दौरान मैं लगातार कविताएं लिखता रहा। हड़ताल और एशियाड-82 के अवकाश के बाद अपने आप को कविता के स्वर्ग से खींचकर राजनीति की भूमि पर लाने में मुझे अपने मानस पर बहुत अत्याचार करना पड़ा।

2
सूर्यारोहण और तृज्या

प्रश्न : अपने प्रकाशित काव्य-संग्रहों के बारे में कुछ बतायें।

सूर्यारोहण का प्रकाशन 1986 की जनवरी में हुआ। **तृज्या** 1991 की फरवरी में आयी। इन दोनों संचयनों के पहले की मेरी कविता के बारे में दो शब्द।

हाईस्कूल की उच्च और कॉलेज की आरंभिक कक्षाओं में पढ़ते समय मेरी कविताओं के प्रथम उन्मेष के पल्लव पद्य में निकले थे। 1969 में कनाडा जाते समय मैं उन्हें गया (बिहार) में अपनी एक मित्र के पास कुछ अन्य सामान के साथ एक बक्से में छोड़ गया था। 1975 में अब मैंने लौट कर मगध विश्वविद्यालय, बोधगया, में पुनः अपने पुराने पोस्ट पर रिज्वाइन किया, तब भी मैंने उन कविताओं की खोज-खबर नहीं की। 1982 में जब मैं पुनः कविताएं लिखने लगा तब भी तत्काल कई कारणों से उन कविताओं की सुधि न ले सका। कई वर्ष बाद जब उन कविताओं का महत्व समझ में आया तब तक बहुत देर हो चुकी थी। अब भी ईश्वर से प्रार्थना करता हूं कि मेरी वह खोयी निधि कहीं मिल जाय तो मेरी आरंभिक कविताओं का उद्धार प्रकाशन के माध्यम से हो जाय। उन कविताओं में से सिर्फ दो कविताएं पूर्णांग सुरक्षित हैं। स्मृति में भी और मुद्रण में भी। **पटना कॉलेज पत्रिका** (1959) में 'चांद और पृथ्वी' मेरे नाम से और 'कवि और सूर्य' मेरे एक सहपाठी योगेन्द्र प्रसाद सिंह के नाम से छपी थीं। दूसरी कविता पर अपना दावा पुनर्प्रतिष्ठित करने के लिये तथा अपनी आरंभिक रचनाओं की बानगी प्रस्तुत करने के लिए इन दोनों कविताओं को मैं यहाँ प्रस्तुत कर रहा हूँ। साथ ही अन्य कुछ कविताओं के भग्नांश भी स्मृति की कंदरा से झाड़-पोंछ कर यहाँ प्रकाशित कर रहा हूँ।

'चाँद और पृथ्वी'

"पृथ्वी, तुम से यह एक बात मैं पूछूँगा,
क्या सच ही तुम से चाँद प्रेम यह करता है ?
यदि 'हाँ', तो बस यह साफ-साफ सुन लो मुझसे,
धोखे में तुमको चाँद बड़ा यह रखता है।

दिन का प्रवाह जब वायुमंडल खोता है,
गोधूलि लग्न के बाद चाँद यह आता है।

दिन भर जगने के बाद प्रात जब तू सोती,
चुपके से उठ यह पश्चिम में खो जाता है।

दिन भर दिनकर की ऊष्ण किरण में तपती तू,
पर बोलो लू के भय से क्या विधु आता है ?
छोड़ो-छोड़ो उस छली मतलबी प्रेमी को,
धरती से नभ के वासी का क्या नाता है।"

'कवि और सूर्य'

"व्योम में यदि सूर्य है, तो
भूमि पर यह मैं खड़ा हूँ।
सूर्य क्या समता करेगा ?
मैं सदा रवि से बड़ा हूँ।
गीत किरणें हैं हमारी,
सूर्य से कमता कहाँ हूँ ?
रवि नहीं जाता जहाँ पर
मैं सहज जाता वहाँ हूँ।"

भग्नांश :

'सांध्य रवि'

"सांध्य रवि-सा दीन हूँ मैं।
आज अंगों में चपलता,
तीव्रता से चल रहा हूँ।
मार्ग की कठिनाइयों की
कोटि पर मैं चढ़ रहा हूँ।
पा संकू कैसे अमरता
शील गुण से हीन हूं मैं।
सांध्य रवि-सा दीन हूं मैं।
x x x

काल-सा यह विश्वसागर।
एक छोटा मीन हूँ मैं।
सांध्य रवि-सा दीन हूँ मैं।"

'रोहिणी'

कौन तुम नक्षत्रों में एक ?
सरस वर्षा ऋतु के तुम दूत,
ग्रीष्म का होते ही अवसान।
पहुँच जाते ले वारि-फुहार,
बजते घन-रव रूद्र-विषाण।

भले तुम अपरों के नक्षत्र,
किंतु तुम मेरे तो हो मित्र।
रोहिणी, उतरा करता सदा
हृदय में बस तेरा ही चित्र।
चित्र वह जिसमें अंकित देवि,
प्रेम का उज्ज्वलतम् अतिरेक।
कौन तुम नक्षत्रों में एक ?"

'विभावरी'

"पुलकाकुल यह विभावरी रे।
गिरा चाहता इन्दु भूमि पर,
मेघ एक वायव्य क्षितिज पर,
नभ में पूर्ण कलाधर कल ज्यों
तिमिर-सिंधु में ज्योति-तरी रे।
पुलकाकुल यह विभावरी रे।"

'पाषाण और तितली'

"पुष्प की कोमलता का पता
भला क्या पा सकता पाषाण ?

सुमन में कितना है मकरन्द
इसे तितली ही सकती जान।"

(इन अंतिम पंक्तियों के हाशिये में बच्चन जी ने 'अच्छी पंक्तियाँ' लिखकर पत्र द्वारा वापस किया था। गुप्त जी ने अत्यंत व्यस्तता का हवाला दे कर कविता भेजने के मेरे प्रस्ताव को अस्वीकार कर दिया था। उन्होंने यह भी लिखा था कि किसी को कवि बना सकना उनके लिये संभव नहीं है। दिनकर जी ने सिर्फ एक कविता भेजने को कहा था जिसे मैं-सर्वश्रेष्ठ समझूं। आरसी बाबू ने मेरी हर कविता को पसंद की थी। वियोगी जी, जानकी वल्लभ जी, हंस कुमार जी, तथा केसरी जी ने पहले खूब अध्ययन और बाद में कविता करने की सलाह दी थी।)

इनमें से किसी कविता को मैंने **सूर्यारोहण** और **तृज्या** में जाने नहीं दिया है। कारण यह है कि इन कविताओं की भावभूमि और शैली मेरी नयी कविताओं से सर्वथा भिन्न हैं।

सूर्यारोहण का प्रकाशन एक ढंग से भारतीय राष्ट्रीय कांग्रेस की शताब्दि से संबंध रखता है। 1985 के ग्रीष्मावकाश में अचानक मुझे ख्याल आया कि मेरी कविताओं का पहला संग्रह अगर कांग्रेस के शताब्दी-वर्ष में हो तो अच्छा रहे। कांग्रेस मेरे पिताजी की पार्टी रही है। स्वयं मैं तो किसी पार्टी का सदस्य नहीं रहा, लेकिन मेरा स्वाभाविक रूझान मध्यमार्गी राजनीतिक विचारधाराओं से रहा है। शायद यह बचपन में समाजीकरण के पैटर्न और मेरी शिक्षा-दीक्षा के प्रभावों के कारण हो। मेरे ख्याल से संस्कृति और राजनीति को धुर दक्षिण और धुर वाम से जितना खतरा हो सकता है उतना उदार और सहिष्णु मध्यमार्ग से नहीं। धुर वाम और दक्षिण के राजनीतिक सर्वसत्तावादी शासन में साहित्य का प्रायः ह्रास हो जाता है। साहित्य राजनीतिक नारेबाजी का पर्याय बन जाता है। इसी आधार पर मेरी सहानुभूति कांग्रेस और जनता दलों से रही है। राजनीतिशास्त्र में मेरी अधिकांश रचनायें कांग्रेस या भारतीय दलीय पद्धति पर हैं। उस धरातल पर मेरा सरोकार किसी एक दल से न होकर पूरी भारतीय दलीय पद्धति से भी हो जाता है। बहरहाल, मैंने अपनी इच्छा का इजहार–कि मेरी कविताओं का प्रथम संग्रह 1985 में निकल जाय–दिल्ली विश्वविद्यालय के हिन्दी विभाग के तत्कालीन अध्यक्ष प्रोफेसर तारकनाथ बाली से किया। बाली साहब और उनके सहकर्मी डॉ. सुरेश गौतम के सौजन्य से **सूर्यारोहण** का प्रकाशन नयी दिल्ली के शारदा प्रकाशन के द्वारा छह महीने के अंतर्गत संभव हुआ। 1989 में **सूर्यारोहण** की दूसरी आवृत्ति प्रकाशित हुई।

तृज्या का प्रकाशन मेरी एक बीमारी के दौर से संबद्ध है। 1988 में मॉडल

टाउन में किराये के फ्लैट से हम जमुना पार पटपड़गंज में अपने फ्लैट में आ गये। इसके पूर्व मैं कई महीनों तक दिल्ली विश्वविद्यालय में अपने विभाग के आतिथ्य में एक अंतर्राष्ट्रीय सेमिनार आयोजित करने में लगा रहा था। सेमिनार का विषय था 'कनाडा और भारत में क्षेत्रवाद और राष्ट्रीय चेतना : साहित्यिक और समाजवैज्ञानिक नजरिये' जिसमें कनाडा और भारत के शीर्षस्थ विद्वानों का आगमन हुआ था। इसका आयोजन इंडियन एसोसिएशन फॉर कनेडियन स्टडीज तथा भारतीय विश्वविद्यालय अनुदान आयोग के सहयोग से मेरे विभाग और दिल्ली कॉलेज फॉर आर्ट्स एंड कॉमर्स के अंग्रेजी विभाग के तत्त्वावधान में हुआ था। मैं इस सेमिनार का निदेशक था तथा डॉ. चंद्रमोहन सहनिदेशक। जिस दिन यह चार-दिवसीय संगोष्ठी समाप्त हुई उसी दिन हम सब परिवार ने अपने उत्तरांचल, पटपड़गंज, के फ्लैट में गृह-प्रवेश किया। यों गृह-प्रवेश की पूजा विधिवत पहले हो चुकी थी, किंतु संगोष्ठी की व्यस्तता के कारण वहाँ आगमन रुका रहा था। वहाँ पहुँच कर मैं बीमार पड़ गया। डाक्टरों ने जॉडिस बताया और पूर्ण शैया-आराम की सख्त ताकीद कर दी। दो महीने तक मैं रूग्ण-शैया पर रहा। उसी दौरान **तृज्या** की कविताओं का संकलन किया गया तथा मैंने उसकी शोधपूर्ण भूमिका लिखी। पाठ्य-सामग्री और स्रोतों के संकेत के लिये प्रोफेसर तारकनाथ बाली तथा डा. सुरेश गौतम का आभार। दो महीनों की इस बीमारी के कारण लगा था कि अपने ज्येष्ठ पुत्र चिरंजीवी सुनील के शुभ-विवाह के लिये भी मैं बिहार नहीं जा पाऊँगा। शादी के मात्र दो दिन पूर्व डाक्टर ने जाने की इजाजत दी। ठीक शादी के दिन में वहाँ पहुँच पाया।

बहरहाल, पांडुलिपि तैयार थी। गया से लौट कर मैंने एक प्रकाशक को पांडुलिपि सौंप दी। पहले ही उन्होंने प्रकाशन की सहमति दे रखी थी। कोई एक साल बाद, उन्होंने प्रकाशन के खर्च में मुझे शरीक होने की नई शर्त रख दी। निदान, मैंने अपने अर्थ-संकट और रॉयल्टी भी न देने के प्रकाशकीय अन्याय की चर्चा भारतीय ज्ञानपीठ के निदेशक श्री बिशन टंडन से की, जिन्होंने पांडुलिपि के लिये प्राक्कथन लिखा था। उन्होंने कहा कि इसका एक उपाय यह हो सकता है कि भारतीय ज्ञानपीठ इसका प्रकाशन करे। लेकिन उस हालत में, टंडन साहब ने कहा, वे चाहेंगे कि उनका प्राक्कथन पुस्तक में शामिल न किया जाय। मैं अड़ गया कि तब मैं किसी और प्रकाशक का दरवाजा खटखटाऊँगा। उनके सूक्ष्मदर्शी प्राक्कथन से विदाई के लिये मैं तैयार नहीं था। अंत में मैंने उन्हें राजी कर लिया। लेकिन उन्होंने कहा कि एक अड़चन और है। भारतीय ज्ञानपीठ के प्रकाशनाधीन पुस्तकों की शृंखला में **तृज्या** का प्रकाशन छः-सात महीने बाद ही लिया जा सकता है। पूर्व-निर्धारित प्रकाशक के यहाँ पांडुलिपि कई साल तक पड़ी रही थी। उसके पहले, पांडुलिपि कई महीने तक टंडन साहब के यहाँ प्राक्कथन लिखने के लिये

पड़ी रही थी। कुछ महीने और सही–मैंने सोचा। इस प्रकार **तृज्या** फरवरी 1991 मैं प्रकाशित हुई।

सूर्यारोहण और **तृज्या** की कविताएं लगभग एक ही समय में लिखी जाती रही थीं : 1982-1990 के दौरान। दो संकलनों के पीछे आधार-सिद्धांत यह था कि प्रथम संग्रह मेरे सामाजिक-राजनीतिक सरोकारों को मुखर करे और दूसरा मेरी निजी भावनाओं–प्रेम और विरह–को अभिव्यक्ति दे। उपर्युक्त तथ्य अधिकांश सत्य होते हुए भी कुछ स्पष्टीकरण का मोहताज है। प्रथम तो यह कि राजनीति और प्रेम के बीच एक संपूर्ण विभाजक रेखा नहीं डाली जा सकी है। व्यक्तित्व की समग्रता अथवा अविभाज्यता के तकाजों ने कुछ प्रेम-कविताएं **सूर्यारोहण** में और कुछ राजनीतिक कविताएं **तृज्या** में डलवा दीं। **सूर्यारोहण** के 'आमुख' में गयी 'मधुमास' कविता तथा मूलपाठ की निम्नलिखित कविताएं–'अमलउदय', 'प्रतीक्षिता', 'युगांतर', 'पूर्णमासी', 'बोनसाई–वामपंथी गमले में', 'इस दरख्त की बहार', 'सागर'–ऐकांतिक प्रेम की कविताएं हैं। व्यापक सरोकारों और प्रमोदपूर्ण शृंगारिक कल्पनाशीलता की 45 कविताओं में 8 कविताएं नितांत निजी और एकल प्रेम की कविताएं हैं। उसी प्रकार तृज्या की 46 कविताओं का स्वर भी सिर्फ प्रेम-विषयक नहीं है। तात्विक-विश्लेषण के दृष्टिकोण से इन कविताओं को मोटा-मोटी तीन वर्गों में डाला जा सकता है।

प्रेम/विरह/शृंगार की अधिसंख्य कविताओं के अतिरिक्त शेष कविताओं को राष्ट्रीय/सांस्कृतिक/प्राकृतिक चेतना तथा आत्म-चिंतन की कोटियों में रखा जा सकता है। आत्म-चिंतन की 15 कविताओं–'सप्ताश्व', 'पतंग', 'झंकार', 'मंथन', 'सांप और सीढ़ी', 'मरुस्थल', 'सपने', 'नीड़-निर्माण', 'बंजर', 'प्लावन', 'आग की खोज', 'चंद्रारोहण', 'क्रौंच', 'मुंडमाल', 'शिखा'–का मनोवैज्ञानिक रेंज (range) आज मुड़कर पढ़ने पर स्वयं मुझे भी आश्चर्यचकित करता है। कोई 356 पंक्तियों में लगभग उन सारी मनोभावनाओं की भाषिक और बिंबात्मक अभिव्यक्ति हुई है जिन्हें भारतीय काव्यशास्त्र में तैंतीस 'संचारी भावों' के रूप में वर्गीकृत किया गया है : निर्वेद, ग्लानि, शंका, असूया, श्रम, मद, आलस्य, धृति, विषाद, मति, चिंता, मोह, स्वप्न, विवोध, स्मृति, अमर्ष, गर्व, उत्सुकता, अवहित्थ, दीनता, हर्ष, ब्रीड़ा, उग्रता, निद्रा, व्याधि, अपस्मार, आवेग, त्रास, उन्माद, जड़ता, चपलता, वितर्क, मरण। प्रेम-विषयक कविताओं को भारतीय काव्यशास्त्र के द्वारा स्थापित नौ 'रसों' के आधार नौ 'स्थायी' भावों के वर्गीकरण की दृष्टि से देखने पर प्रतीत होता है कि इन प्रेम कविताओं में रति, उत्साह, शोक, क्रोध और निर्वेद के तत्त्व अधिक हैं। हास, भय, जुगुप्सा, और आश्चर्य के तत्त्व लगभग अनुपस्थित हैं। ये पिछले कुछेक तत्त्व उन कविताओं में मौजूज अवश्यक है जिन्हें मैंने आतमचिंतन की कोटि में रखा है। पर एक बुनियादी प्रश्न यह उठता है कि क्या प्रेम/विरह/शृंगार-विषयक मेरी कविताओं को मेरी

आत्मचिंतन-परक कविताओं से पूर्णतः अलग कर के देखा जा सकता है ? बल्कि मुड़कर मैं यही बुनियादी प्रश्न भारतीय काव्यशास्त्र के द्वारा स्थापित संचारी भावों और स्थायी भावों के वर्ग-विभेद पर भी करना चाहूंगा। वर्गीकरण के तर्कशास्त्र के दो आधारभूत सिद्धांत यह हैं कि (1) संवर्गों की विभिन्न कोटियाँ विषय-वस्तु के किसी तत्त्व को बाहर न छोड़ दें, और (2) कोई भी तत्त्व एकबारगी एक से अधिक वर्ग में न पड़े। शास्त्रीय मनोभावों का व्यापक परिसर पहली शर्त तो पूरा करता प्रतीत होता है, लेकिन दूसरी शर्त पूरी नहीं होती। यों वस्तु-जगत बहुधा तर्क-जगत से ज्यादा जटिल होता है।

सूर्यारोहण और **तृज्या** की कविताओं के बारे में एक दूसरा स्पष्टीकरण यह है कि एक दशक में एक साथ लिखी जाने के बावजूद प्रथम संग्रह की अधिसंख्य कवितायें उक्त दशक के पूर्वार्द्ध में लिखी गयीं, और द्वितीय संग्रह की अधिसंख्य कवितायें उत्तरार्द्ध में। इस प्रकार से यह कहा जा सकता है कि ये दो संग्रह मेरे बाह्य जगत से अंतर्जत की ओर उन्मुखन की यात्रा के पदचिह्न हैं।

भारतीय क्लासिकीय रस-सिद्धांत में नौ रसों की प्राक्कल्पना की गयी है : शृंगार, हास्य, करुणा, रौद्र, वीर, भयानक, वीभत्स, अद्‌भुत, और शांत। भारतीय साहित्यशास्त्र के रस विषयक शास्त्रीय विवादों–शृंगार में भक्ति शामिल है या पृथक रस है ? भक्ति 'रस' है भी अथवा नहीं ? क्या भक्ति ही सर्वोच्च रस नहीं है अन्य सभी रस जिसके वशवर्ती है ? रसों में वीर की क्या महत्ता है ? शांत की गिनती क्या रसों में की जा सकती है ? इत्यादि–में यहाँ न पड़ कर मैं संक्षेप में सिर्फ यह कहना चाहूँगा कि प्रेम के विविध पहलुओं (राष्ट्र-प्रेम समेत) की काव्याभिव्यक्ति के अलावा **सूर्यारोहण** और **तृज्या** राजनीति, ज्ञान-विज्ञान, पर्यावरण, अंतर्राष्ट्रीय चेतना, वासुंधरिक उत्तरजीविता आदि बौद्धिक सरोकारों से भी काव्यात्मक रिश्ता जोड़ती हैं। इन सारी कविताओं की सम्यक समीक्षा जिस पद्धति से होगी उसके मूल तत्त्व होंगे मनोविज्ञान (क्लासिकीय रस-सिद्धांत और आधुनिक मनोविश्लेषण), सांस्कृतिक और राजनीतिक विचारधारा, प्रतीक-विज्ञान और भाषाविज्ञान। कवि और पाठक के रूप में मेरा अंतर्बोध इस दिशा में संकेत करता है।

कविता का भविष्य

प्रश्न : आपकी दृष्टि में कविता का भविष्य क्या है ?

चूँकि मैं मुख्यतः राजनीतिक-वैज्ञानिक हूँ, कविता मैं आनन्द के लिये पढ़ता या लिखता हूँ। एक समय था जब ज्ञान-विज्ञान से ले कर गल्प/महाकाव्य सब कुछ प्रायः कविता के माध्यम से ही लिखे जाते थे। पर आज वह बात नहीं है।

अब ज्ञान-विज्ञान और कविता के मार्ग काफी हद तक पृथक हो गये हैं। यही कारण है कि **सूर्यारोहण** की भूमिका में मैंने लिखा है कि अपनी कविताओं में 'अकविता' के तत्त्व मुझे "वहाँ दीखते हैं जहाँ कविता आनन्द की सीमा पार कर ज्ञान की तलब करके असर्व-सुलभ आयातित तत्त्वों का सहारा ले, जीवन के विद्रूप को पद्य और लास्य से रिक्त हो भार-वाही गर्धव-सा ढोय, या अर्थ की सीमा से परे प्रतीत हो।" (पृ. 12)। जब मैंने उपर्युक्त विचार लिखे थे तब मुझे यह पता नहीं था कि मैं अनजाने में ही सुसंगति 'चुन' रहा हूँ। यह तो बाद में पता चला कि मैं उनकी संगति में पड़ रहा हूँ जो दिनकर के शब्दों में 'शुद्ध कविता' के पक्षधर हैं। दिनकर जी ने विलक्षण गहराई से कविता की आत्मा का विश्लेषण कर 'शुद्ध' और 'सोद्देश्य' काव्य में अंतर स्पष्ट किया है और यह प्रत्ययकारी तर्क प्रस्तुत किया है कि न सिर्फ आधुनिक विश्वकविता में शुद्ध काव्य का प्रचलन बढ़ रहा है बल्कि भारतीय क्लासिकीय काव्यशास्त्र के आचार्यों के मानदंड में भी ज्ञान और सोद्देश्यता की तुलना में आह्लाद का पलड़ा भारी रहा है। यों पाश्चात्य क्लासिकीय काव्यशास्त्र ने सोद्देश्यता का पृष्ठपोषण भारतीय आचार्यों की अपेक्षा ज्यादा संकल्प के साथ किया है (रामधारी सिंह दिनकर, **शुद्ध कविता की खोज,** नयी दिल्ली : नेशनल पब्लिशिंग हाउस, 1987)। पाश्चात्य और भारतीय काव्यशास्त्रों में यह फर्क, और आधुनिक विकसित विश्व की, कविता का भारतीय काव्यशास्त्र के निदर्श पर विकास दिलचस्प पहलू हैं। संभवतः इन तथ्यों की व्याख्या हम इस प्रकार कर सकते हैं कि यूरोप के इतिहास में कैथलिक चर्च, और बाद में, निरंकुश संप्रभु साम्राज्यों का जैसा वर्चस्व रहा भारतीय इतिहास का विकास उससे भिन्न हुआ। भारतीय धर्मों में (अब प्रायः विलुप्त) बौद्ध धर्म को छोड़कर अन्य किसी धर्म में चर्च जैसी कोई स्वायत्त नैगम संस्था का कोई व्यापक ढांचा नहीं खड़ा हो पाया। भारतीय इतिहास के अधिकांश काल-पटल पर सार्व-महादेशिक शक्तिशाली राज्य का भी अभाव रहा। अतः भारतीय काव्यशास्त्र में कविता को न तो धर्म की दासी और न ही राजनीति की बांदी बनाये जाने के सिद्धांतों का सुशृंखल निरूपण किया जा सका। यों विरोधाभाषतः भारतीय काव्य में विरुदावली, भक्ति, और शृंगार की वेगवान धारएं अवश्य मिलती हैं। अपने काल की राज्य-व्यवस्था का इन्हें प्रत्यक्ष या अप्रत्यक्ष समर्थन भी प्राप्त था। लेकिन अपने व्यापक सांस्कृतिक पारगम्यता के गुण के कारण भक्ति को किसी शासी राजनीतिक विचारधारा का अनुचर नहीं कहा जा सकता है। कम से कम उसी रूप और उसी अनुपात में। यह बात अन्य दो धाराओं के बारे में लागू नहीं होती। क्योंकि उनका एकमात्र उद्देश्य किसी शासक वर्ग का मनोरंजन था। उन में स्वायत्तता का अभाव था। स्वायत्तता का अभाव ही सोद्देश्यता से शुद्ध आनंद को, दूध से नवनीत की तरह, विलग कर देता है।

विकसित आधुनिक पाश्चात्य जगत में शुद्ध कविता के विकास के पीछे उदारवादी शासन-पद्धति का प्रभाव है। अब जब सोवियत संघ और पूर्वी यूरोप भी उदारवादी राजनीतिक विचारधारा के प्रभाव-क्षेत्र में आ गये हैं, उन देशों का साहित्य भी ऊपर से आरोपित राजनीतिक बंधनों से मुक्त होगा। साहित्य राजनीतिक प्रचार का माध्यम मात्र न होगा।

बहरहाल, शायद इसी कारण कि मैं कविता को आनन्द का वाहक मानता हूँ, मेरी यह भी धारणा रही है कि अगर छंद नहीं तो कम से कम लयात्मक प्रवाह कविता का एक आवश्यक गुण होना चाहिए। यों स्वयं मैं अपनी सारी कविताओं में यह गुण उत्पन्न नहीं कर पाता। लेकिन मैंने वे कविताएं पूरी नहीं कीं या लिख कर फाड़ दीं जिनमें मुझे लय का पूर्ण अभाव दीखा। तथापि मेरा अनुभूत सत्य यह भी है कि छंद या लय के मौजूद होते हुए भी स्वयं मेरी अपनी कई कविताएं प्राणहीन प्रतीत हुई हैं बशर्ते उनमें भावों/विचारों/अभिव्यक्तियों की ताजगी न हो। नयी और पुरानी दोनों प्रकारों की आधुनिक हिन्दी कविता में छन्दबद्ध और अपद्यात्मक प्राणहीन कविताओं की भरमार देखकर मन में प्रश्न उठता हे कि इनके कवियों ने अपनी अभिव्यक्ति का माध्यम कविता को ही क्यों बनाया ? उन्होंने आत्मघोषित गद्य का सहारा क्यों नहीं लिया ? इसके साथ ही कुछ और बुनियादी प्रश्न उठते हैं : आज विशुद्ध आनन्दायिनी कविता इतनी विरल क्यों होती जा रही है ? कविता पर संकट किन दिशाओं से प्रकट हो रहे हैं ? कविता का भविष्य क्या है ? इन प्रश्नों के उत्तर की तलाश में यहाँ चार प्रमुख दृष्टिकोणों का संक्षिप्त विवरण प्रस्तुत करते हुए किसी निष्कर्ष पर पहुँचना चाहूँगा।

पहला दृष्टिकोण ब्रिटिश अनुदार इतिहासकार टॉमस बेबिंगटन मेकॉले (1800-1857) ने **एडिनबरा रिव्यू** (अगस्त 1825) में मिल्टन पर प्रकाशित एक निबंध में स्थापित किया। उसके निष्कर्ष की आधारशिला यह चिंतन है कि सभ्यता के विकास के साथ कविता का लगभग निश्चित ही ह्रास हो जाता है :

> "सभ्यता का विकास उन यंत्रों में उन्नति ला सकता है जो संगीतकार, शिल्पकार और चित्रकार के द्वारा किये जाने वाले मशीनी क्रियाकलापों के लिये आवश्यक है। लेकिन भाषा, जो कवि का यंत्र है, अपनी अनियंत्रित उग्रता की स्थिति में ही कवि के उद्देश्यों के लिये सर्वाधिक उपयुक्त होती है। व्यक्तियों की तरह राष्ट्र पहले अनुभव करते हैं और तब उसका अमूर्त अथवा मार्मिक संक्षेपण। वे विविध बिंबों से होते हुए सामान्य शब्दावली तक पहुँचते हैं। अतः एक प्रबुद्ध समाज का शब्दभण्डार दार्शनिक होता है और अर्द्धसभ्य लोगों की शब्दावली काव्यात्मक।
>
> मनुष्यों की भाषा में यह परिवर्तन अंशतः उस तदनुरूप परिवर्तन का कारण है और अंशतः परिणाम जो उनके बौद्धिक व्यापारों में सभ्यता के

विकास के साथ आता है। इसके फलस्वरूप विज्ञान को लाभ होता जाता है और कविता को हानि। सामान्यीकरण ज्ञान के विकास के लिए आवश्यक है; पर कल्पनाप्रवण संरचनाओं के लिये विशिष्टता अनिवार्य है। जिस अनुपात में मानवों की जानकारी और उनका चिंतन बढ़ता है उसी अनुपात में उनकी दृष्टि व्यक्तियों से ज्यादा वर्गों पर केंद्रित होने लगती है। इस प्रकार वे श्रेष्ठतर सिद्धांतों और बदतर कविताओं का निर्माण करने लगते हैं।"

दूसरा दृष्टिकोण हिन्दी के उदार कवि-समीक्षक रामधारी सिंह 'दिनकर' (1908-1974) ने प्रस्तुत किया है। दिनकर भी मैकॉले से मिलते-जुलते आरंभिक कथन से शुरुआत करते हैं :

> "कविता और विज्ञान एक दूसरे के प्रतिलोम हैं। कवि की महत्ता आविष्ट होकर बोलने में है, किंतु, वैज्ञानिक आवेश में आ जाय तो उसकी स्थापनाओं के प्रति श्रोता को शंका होने लगेगी।··· इस दृष्टि से देखने पर यह काफी चिंता का विषय दीखता है कि विज्ञान की वृद्धि के युग में कविता की स्थिति क्या रहेगी।" ('भविष्य की कविता', **काव्य की भूमिका,** पटना : उदयाचल, 1958, पृ. 85)।

लेकिन इस कथन के बाद दिनकर कविता की अवनति या मृत्यु पर विश्लेषण न कर के कविता के बदलते रूपों पर चिंतन करते हैं। वे रूप जो कविता ने उस युग में अख्तियार करने शुरू किये हैं जब विज्ञान न केवल धर्म को बल्कि राजनीतिक विचारधारात्मक कर्मकांड को भी समाज-निर्माण के आधारभूत सिद्धांत के स्थान से विस्थापित करने पर तुला है। अतः दिनकर के समक्ष जो मूल प्रश्न है वह यह नहीं है कि कविता की अर्थी कब उठेगी, बल्कि यह है कि कविता किन दिशाओं में अग्रसर है। विज्ञान और तकनीक के युग में भी कविता की उत्तरजीविता के बारे में दिनकर की दलील दो तर्कों पर आधारित है : (1) नये युग की कविता यह प्रयोग करती प्रतीत होती है कि वे कौन-से तत्त्व हैं (तुक, छंद, आदि) जिन्हें छोड़ते जाने के बावजूद कविता अपनी अंतरात्मा में जीवित रहेगी; और (2) विज्ञान कभी भी कविता को पूर्णतः विस्थापित नहीं कर पायेगा, बल्कि उसी तर्क से धर्म भी नहीं। क्योंकि ये तीन तत्त्व मनुष्य के व्यक्तित्व के तीन पृथक् अंशों से निःसृत होते हैं : कविता और अन्य कलायें मनुष्य की आदिम, जीवधारी प्रवृत्ति और उसके परिष्कार से, धर्म आत्मा अर्थात् सत्-असत् विवेक से, और विज्ञान मस्तिष्क अर्थात् विशुद्ध तर्कशक्ति से। वे इन तीन वृत्तियों को प्राचीन भारतीय चिंतन की शब्दावली में वे क्रमशः काम, धर्म, और अर्थ कहते हैं। इस प्रकार, दिनकर कविता को मानव व्यक्तित्व और संस्कृति का एक अंगीभूत तत्त्व मानते हैं। इस तत्त्व के बिना एक स्वस्थ चौकोर व्यक्तित्व और संस्कृति की कल्पना ही नहीं की जा सकती :

"असंतुलित जीवन का एक उदाहरण असभ्य प्राणी है जिसमें जीवधारी प्रवृत्ति बिल्कुल अनियंत्रित होती है जैसे वह पशुओं में दिखायी देती है। उसका दूसरा उदाहरण वह सिनिक या विक्षिप्त चिंतक है जिसने आत्मा की उपेक्षा की है तथा जो मनुष्य की जीवधारी प्रवृत्तियों की ओर से भी आँख मूँदे हुए हैं। और असंतुलित जीवन का तीसरा उदाहरण वह हठयोगी है जो केवल आत्मिक शक्तियों का ही विकास चाहता है तथा जो बौद्धिक एवं जीवधारी दोनों प्रवृत्तियों का दलन सिखाता है। जो प्रवृत्तियाँ दलित की जाती है; वे सुंदर नहीं, कुरूप हो जाती है, वे मरती नहीं, प्रत्युत्, अपरिमार्जित रह जाने के कारण भयानक भ्रम और कुंठायें उत्पन्न करती हैं।··· मनुष्य का सर्वांगीण विकास उसकी योग, भोग और पाण्डित्य, तीनों प्रवृत्तियों के अधिक से अधिक संतुलित विकास में है। इसीलिये, जीवन में विज्ञान भी चाहिए तथा साहित्य और धर्म भी।" (संदर्भ उपरिवत्, पृ. 91-92)।

कविता के भविष्य के बारे में तीसरा दृष्टिकोण ब्रिटिश मार्क्सवादी आलोचक क्रिस्टॉफर कॉडवेल (1907-1937) की रचनाओं में पाया जा सकता है। कॉडवेल कविता के विकास की द्वंद्वात्मक भौतिकवादी व्याख्या प्रस्तुत करने का प्रयास करता है। उसके अनुसार कविता का जन्म आदिम शिकारियों और भोज्य-संग्राहकों के द्वारा प्रकृति के साथ संघर्ष के संदर्भ में हुआ। यह संघर्ष वैयक्तिक से ज्यादा सामाजिक था, क्योंकि उस आरंभिक काल में भी शिकार और भोजन का संग्रह सहयोग पर ही आश्रित था। इस युग की कविता में कोरस, मंत्र आदि सामाजिक विधियों और मिथकों की भरमार है, मानों जानवरों के झुंड तथा फसलों के पुंज के प्राकृतिक दृश्य समाज की आत्मा के अंदर घर कर गये हों। विकास के दूसरे चरण में प्रकृति का अंदरूनी आदिम संघर्ष समाज में भी प्रकट होता है और इसकी सामाजिक अभिव्यक्ति श्रम-विभाजन और वर्ग संघर्ष में होती है। वर्ग-विभाजित समाज में एक शासकवर्ग की उत्पत्ति का काव्यात्मक सहमूर्तन मिथकों के महाकाव्यों में परिवर्तन और विधियों या रस्मों के नाट्य में परिवर्तन में देखा जा सकता है। वर्ग-विभेदन के फलस्वरूप व्यक्तिगत स्वतंत्रताओं की मात्रा में भी वृद्धि होती है। पहली बार मानव व्यक्ति के रूप में कविता लिखता है। गीतिकाव्यं का जन्म होता है। कॉडवेल के अनुसार कविता के विकास की परिणति साम्यवादी कविता और कला है। इस समतल पर पहुँच कर समाज और काव्य दोनों वर्ग और व्यक्ति के अतिचारों से मुक्त हो कर आदिम साम्यवाद की सामाजिक एकात्मकता की पुनर्प्राप्ति करेंगे। विकास के पिछले चरणों में अंतरिम तौर पर स्वतंत्रता, व्यक्तित्वीकरण और चेतना की उपलब्धियों का समग्रण करते हुए समाज पुनः समष्टिवाची एकात्मता पर लौटेगा। लेकिन यह सामष्टिक एकात्मता बाध्यता से मुक्त होगी। इस चेतना और स्वतंत्रता में सब लोग एक समान सहभागी

होंगे (क्रिस्टॉफर कॉडवेल, **इल्यूश्जन ऐंड रियलिटी : अ स्टडी ऑफ द सोर्सेज ऑफ पोयट्री,** नयी दिल्ली : पीपल्स पब्लिशिंग हाउस, 1945, पुनर्मुद्रण 1986, पृ. 308-311)।

भविष्य की कविता के बारे में चौथा दृष्टिकोण अमरीकी कवि-समीक्षक फ्रेडरिक टर्नर का है जो उसने **'हापर्स पत्रिका'** के नवंबर 1948 के अंक में प्रकाशित किया है। अद्भुत और सूक्ष्म दार्शनिक अंतर्दृष्टियों से पूर्ण इस निबंध का शीर्षक है : 'इस्केप फ्रॉम मॉडर्निज्म : टेक्नोलॉजी एण्ड द फ्यूचर आफ इमैजिनेशन'। टर्नर का अभिमत है :

> "उन्नीसवीं सदी में मानवीय चिंतन के इतिहास में एक नया मोड़ आया। भौतिकवादी नीतिशास्त्र और भौतिकवादी जीवविज्ञान ने मिलकर यह स्थापना रखी कि समाज में दो ही प्रकार के प्रतिफलन अथवा पारिश्रमिक प्रणालियाँ हैं : उत्तरजीविता की ओर प्रजनन की। इस मूलाधार पर दो मूल्यों का उदय हुआ : एक की स्थापना कार्ल मार्क्स और उस के अनुयायियों ने की, तथा दूसरे की स्थापना सिगमंड फ्रॉइड और उस के अनुयायियों ने की। मार्क्स ने समस्त मूल्यों को जीवित रहने के अर्थशास्त्र में सीमित कर दिया, फ्रॉइड ने मनःशक्ति अथवा काम-तत्त्व में। इन दोनों ध्रुवों के बीच अस्तित्ववाद (Existentialism) त्रिशंकु की तरह लटका है। अस्तित्ववाद का केंद्रीय द्वंद्व इन दोनों मूल्य-पद्धतियों की स्वीकृति अथवा अस्वीकृति का है। क्या इनकी तुलना में कोई ज्यादा जटिल और सामाजिक मूल्य-पद्धति स्वीकार की जाय ? चूँकि उपर्युक्त दोनों मूल्य-पद्धतियों का मुख्य उद्देश्य घूस दे कर हमें हमारी स्वतंत्रता से जुदा करना है, इसलिये क्या ये दोनों त्याज्य नहीं है ?" (संदर्भ उपरिवत्, पृ. 53)।

टर्नर सूचित करता है कि नयी खोजें अब हम में एक नयी मूल्य-पद्धति विकसित कर रही हैं। मस्तिष्क के रसायन के अध्ययन में लीन वैज्ञानिक नये प्रकार की इनाम-प्रणालियों पर जानकारी उपलब्ध करा रहे हैं। उपलब्धि का सुख, सत्य का दर्शन, वीरोचित कर्म या त्याग, शुद्ध अंतरात्मा, सौंदर्य का साक्षात्कार, इत्यादि अपने आप में स्वयं आनंद हैं। ये लिबिडो या काम के दमन और रेचन के मात्र उपफल नहीं हैं। यह सही है कि उत्कृष्ट मानसिक सुख अपनी स्थिति सुदृढ़ करने के लिये मध्यम या निम्न स्तर के सुखों को टॉनिक के रूप में प्रयोग कर सकते हैं। किंतु स्वाति की सीपी के अंदर के मोती के समान उत्तम सुख उतने ही यथार्थ हैं जितना संभोग का सुख अथवा भूखे के लिये भोजन का सुख (संदर्भ उपरिवत्, पृ. वही)।

इसके अलावा यह भी ध्यातव्य है कि भूख और सेक्स मात्र जीवधारी प्रवृत्तियाँ नहीं हैं; जैसा कि पहले भौतिकवादियों ने समझ रखा था। सांस्कृतिक विकास के

अध्ययन दर्शाते हैं कि भोज्य का बँटवारा उन धार्मिक कर्मकांडों में केंद्रीय भूमिका अदा करते हैं जिनके द्वारा मानव समुदाय को परिभाषित किया जाता था। और, काम-व्यवहार के तुलनात्मक अध्ययनों से पता चलता है कि मानवों की सेक्सुयलिटी उनके निकटतम जैविक रिश्तेदारों–चिंपेजियों और गोरिल्लों–से मात्र प्रजनन के उद्देश्य से कहीं ज्यादा शक्तिशाली है। बहुतेरे प्राणिशास्त्रियों का मत है कि मानवों में काम-तत्त्व का विकास हमारे मस्तिष्क के विकास के साथ-साथ हुआ है। इसी विकास-क्रम में मात्र प्रजनन के आगे जा कर मानवों में काम ने नये प्रकार्य धारण कर लिये : उदाहरणार्थ परिवार और समाज का निर्माण तथा स्नेह के द्वारा सहयोग और लोक-कल्याण को बढ़ावा देना। तथापि उच्चतर पारिश्रमिक प्रणालियों की खोज के बिना भूख और आदिम काल के रेचन के सिद्धांतों की पीठिका ध्वस्त होती नहीं दीखती। यह मस्तिष्क के रसायनों की नयी वैज्ञानिक खोजों का चमत्कार है कि भौतिकवादी मूल्य-पद्धतियों का इंद्रासन काँपने लगा है। टर्नर की मान्यता है कि विरोधाभासतः एक सर्वोपरि धर्म के रूप में भौतिकवादी मूल्य-पद्धति तब रुग्ण हो गया जब हम चिंतक-मशीनों का निर्माण करने लगे; इसकी मृत्यु अब आ कर हुई है जब हम मानव-मस्तिष्क को उस मशीन की तरह देखने लगे हैं जिसके रसायनों के सही जागरण से आत्मिक मूल्यों की सृष्टि संभव है। यथार्थतः और यकीनन (संदर्भ उपरिवत्, पृ. 53-54)।

इन नयी खोजों का कविता पर क्या प्रभाव पड़ेगा ? टर्नर यहाँ उतना ही आशावादी प्रतीत होता है जितना कॉडवेल साम्यवादी कविता के संदर्भ में। या फिर मैकॉले विज्ञान के चक्रवर्ती विकास के संदर्भ में। अथवा दिनकर विज्ञान और कला की परस्पर पूरक संस्कृति के संदर्भ में। टर्नर का निष्कर्ष है :

> "रूपक और प्रतीक परिवर्तन के कार्यक्रम बन जायेंगे, तथा तकनीकी आविष्कार नये रूपक और प्रतीक बन जायेंगे। हमारी कविता प्रतीकात्मक कम और यथार्थवादी ज्यादा हो जायेगी। क्योंकि प्रतीक यथार्थ के बाहर प्लास्टर के रूप में ढाले नहीं जा कर प्लॉट के अंदर कंकरीट और स्वीकार्य तत्त्व के रूप में रचे जायेंगे। उसी प्रकार जैसे साइंस-फिक्शन में तकनीकी आविष्कार। तथ्य अर्थपूर्ण होंगे और प्रतीक तथ्य। ऐसा नहीं कि हम प्रकृति से ऊपर उठ जायेंगे अथवा उस पर विजय पा लेंगे, जो कि आधुनिकतावाद का एक लक्ष्य रहा है। बल्कि, हम स्वयं प्राकृतिक हो जायेंगे" (संदर्भ उपरिवत्, पृ. 55)।

जैसा कि ऊपर मैंने कहा है, यहाँ टर्नर उतना ही आशावादी हो गया है जितना अपने अपने तर्कों के संदर्भ में मैकॉले, दिनकर, और कॉडवेल। लेकिन एक फर्क है। मैकॉले की आशावादिता कि विज्ञान अपने विकास के क्रम में कविता को लगभग निरर्थक कर देगा न केवल विज्ञान की एक संकीर्ण आगमनात्मक

(Inductive) अवधाराणा पर आधारित है, बल्कि, जैसा कि दिनकर ने सफलतापूर्वक यह प्रमाणित करने का प्रयास किया है, विज्ञान और साहित्य के परवर्ती विकास के द्वारा समर्थित भी नहीं है। उसी प्रकार, कविता के बारे में कॉडवेल का द्वंद्वात्मक भौतिकवादी सिद्धांत आदर्श के रूप में तो बड़ा आकर्षक लगता है, लेकिन साम्यवादी समाज की स्थापना के लिये किये गये राजनीतिक प्रयोग व्यक्ति की स्वतंत्रता और कविता की स्वायत्तता के हंता साबित हुए हैं। समता के लिये तानाशाही विषमता का निर्माण उसी प्रकार एक भस्मासुरी शक्ति का निर्माण करना है जैसे चाँद के मुखड़े पर से दाग मिटाने के लिये कोई राहु को आहूत कर ले। मीन-मेष इतिशेष कर देने पर दिनकर और टर्नर के सिद्धांत कला की संस्कृति और विज्ञान की संस्कृति दोनों के द्वारा समर्थित प्रतीत होते हैं। कला और विज्ञान के क्षेत्र में हुए आधुनिकतम शोध और आविष्कार दिनकर और टर्नर के पक्ष में जाते हैं। सतही तौर पर तो यह प्रतीत हो सकता है कि टर्नर का विश्लेषण मैकॉले का समर्थन करता है; क्योंकि टर्नर के चिंतन में भी भविष्य की कविता 'विज्ञानमय' हो जायेगी। लेकिन वास्तविकता यह है कि 'विज्ञान' की टर्नर की अवधारणा मैकॉले और दिनकर दोनों की अवधारणाओं से भिन्न है। मैकॉले का विज्ञान प्रत्यक्षवादी और संकीर्ण आगमनात्मक (Inductive) विज्ञान है जिसमें प्रत्यक्ष गणनात्मक अवलोकन और वर्गीकरण के आधार पर ठोस, सर्वसत्य सामान्यीकरण या सिद्धांतीकरण किया जाता है। विज्ञान के बारे में दिनकर की अवधारणा भी प्रत्यक्षवादी (Positivist) है; लेकिन उसमें आगमनात्क और निगमनात्मक (Inductive & Deductive) दोनों विधियों का समावेश प्रतीत होता है। लेकिन विज्ञान के प्रत्यक्षवादी दर्शन के ही दो पहलू होने के कारण मैकॉले और दिनकर दोनों ही की अवधारणाएं विज्ञान और कला के बीच एक अभेद्य दीवार खड़ी कर देती हैं। परंतु टर्नर विज्ञान की उस अवधारणा का पृष्ठपोषण करता है जो दर्शन में परा-आधुनिकतावाद (Post-Modernism) और विज्ञान के दर्शन में परा-प्रत्यक्षवाद (Post-Positivism) के नाम से अभिभित किया जाता है। विज्ञान के इन प्ररिप्रेक्ष्यों में विज्ञान का पुख्ता या कठोर स्वरूप अतंत्रतावाद (Indeterminism) के रसायन में घुल-मिल कर साहित्य और कला के समीप आ जाता है। (इन बिन्दुओं की कुछ विस्तार से दार्शनिक व्याख्या के लिये देखें, महेन्द्र प्रसाद सिंह, **विज्ञान का दर्शन और राजनीति**, नई दिल्ली : वाणी प्रकाशन, 1994)। हालांकि दोनों के बीच का फर्क उस हद तक नहीं मिट जाता जैसा कि टर्नर विश्वास करता प्रतीत होता है।

–महेन्द्र प्रसाद सिंह

दिल्ली
19 जून 1991 / 7 जुलाई 1994

■ ■ ■